Nichtwähler in Europa, Deutschland und Nordrhein-Westfalen

Michael Kaeding · Stefan Haußner
Morten Pieper

Nichtwähler in Europa, Deutschland und Nordrhein-Westfalen

Ursachen und Konsequenzen
sinkender Wahlbeteiligung

 Springer VS

Michael Kaeding
Stefan Haußner
Morten Pieper
Universität Duisburg-Essen, Deutschland

ISBN 978-3-658-11856-3   ISBN 978-3-658-11857-0 (eBook)
DOI 10.1007/978-3-658-11857-0

Die Deutsche Nationalbibliothek verzeichnet diese Publikation in der Deutschen Nationalbi-
bliografie; detaillierte bibliografische Daten sind im Internet über http://dnb.d-nb.de abrufbar.

Springer VS

Lektorat: Dr. Jan Treibel

Gedruckt auf säurefreiem und chlorfrei gebleichtem Papier

Springer VS ist Teil von Springer Nature
Die eingetragene Gesellschaft ist Springer Fachmedien Wiesbaden GmbH

Inhalt

Sinkende Wahlbeteiligung – Problem-aufschlag: Europa, Deutschland und NRW

Nach fast jeder Wahl in den letzten Jahren ist es das gleiche Bild: Die Wahlbe-teiligung ist erneut gesunken, Medien und Politik beklagen dies und spätestens nach einigen Tagen geht das Interesse am Thema wieder verloren. Äußerst selten erfolgt im Rahmen dieser Phasen eine ernsthafte Diskussion der Ursachen und Folgen der sinkenden Wahlbeteiligung. Meistens gibt es nur allgemeine Phrasen zu hören: Die Bürger hätten eben von Politik die Nase voll, sagen die einen. Die Menschen seien wohl schlicht zufrieden, weshalb sie keinen Grund sähen zu wäh-len, sagen die anderen. Eine zunehmend lauter (wenn auch nicht richtiger) argu-mentierende Gruppe Intellektueller, wie der ehemalige Chefredakteur des Han-delsblatts, Gabor Steingart (2009), der Philosoph Richard David Precht (Die Zeit 2013) oder der Sozialpsychologe Harald Welzer (2013), rufen sogar öffentlich zur Nichtwahl auf.

Seit einigen Monaten läuft nun eine vergleichsweise ausführliche politische Debatte. Mehrmals bereits trafen sich die Generalsekretäre und Bundesgeschäfts-führer der Unionsparteien, der SPD, der Linken, Grünen und FDP trotz stark aus-einandergehender politischer Vorstellungen, um Lösungen gegen die sinkende Wahlbeteiligung zu finden. Für 2016 haben sich zudem die parteinahen Stiftungen auf eine gemeinsam getragene Veranstaltungsreihe zum Thema Wahlbeteiligung geeinigt. Aber gibt es denn überhaupt ein Problem, und wenn ja, wie manifestiert es sich in Deutschland und Europa?

1.1 Die reinen Wahlbeteiligungsraten für Deutschland und Europa

Zunächst hilft ein Blick auf die reinen Wahlbeteiligungsraten, um einen ersten Eindruck der Problemlage zu bekommen: Wie in Abbildung 1.1 zu sehen, sank

Abbildung 1.1   Wahlbeteiligung bei Bundestagswahlen in Deutschland 1972–2013

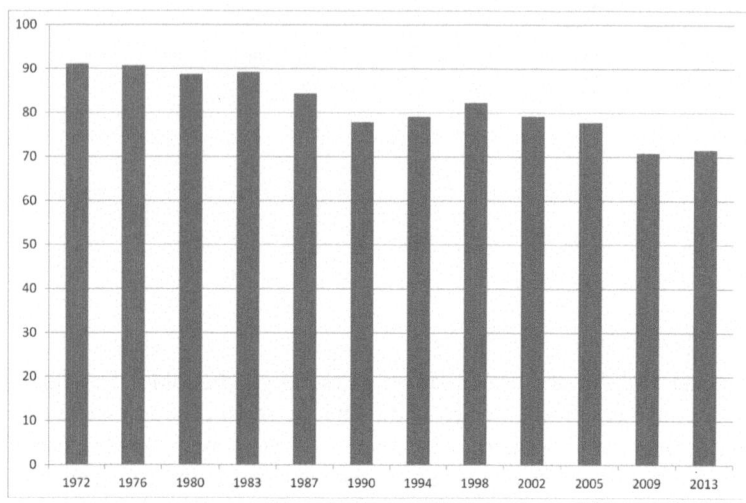

Quelle: Eigene Darstellung mit Daten von Parties and Elections (2015)

die Wahlbeteiligung seit den 70er Jahren deutlich, auf heute nur noch 71,5 Prozent (2013) (Bundeswahlleiter 2013).

Auch in anderen europäischen Ländern ist das Bild nicht anders. Seit den 1980er bzw. 1990er Jahren hat sich in nahezu allen Demokratien weltweit ein kontinuierlicher Abwärtstrend in der Wahlbeteiligung Bahn gebrochen (vgl. Gray und Caul 2000; IDEA 2012): In Großbritannien sank die Wahlbeteiligung bei Unterhauswahlen von ehemals 84 Prozent (1950) auf heute 66 Prozent (2015) (Parties and Elections 2015) (Abbildung 1.2).

In Frankreich sank sie bei Parlamentswahlen von früher 81 Prozent (1973) auf heute 57 Prozent (2012) (Parties and Elections 2015) (Abbildung 1.3).

In osteuropäischen Staaten war oftmals schon das Einstiegsniveau der Wahlbeteiligung bei der ersten Wahl nach dem Fall des eisernen Vorhangs sehr niedrig. In Polen lag 1991 die Wahlbeteiligung bereits unter 50 Prozent. Aber trotz der zum Teil niedrigen Anfangniveaus fallen auch in diesen Ländern die Partizipationsquoten seitdem stetig (siehe Abbildung 1.4) (vgl. Kostadinova 2003, S. 741).

Abbildung 1.2 Wahlbeteiligung bei Unterhauswahlen in Großbritannien 1950–2015

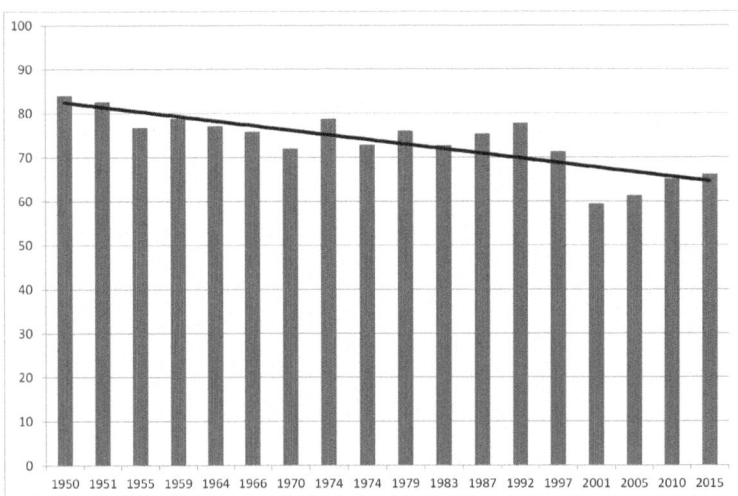

Quelle: Eigene Darstellung mit Daten von Parties and Elections (2015)

Abbildung 1.3 Wahlbeteiligung bei Wahlen zur französischen Nationalversammlung 1958–2012

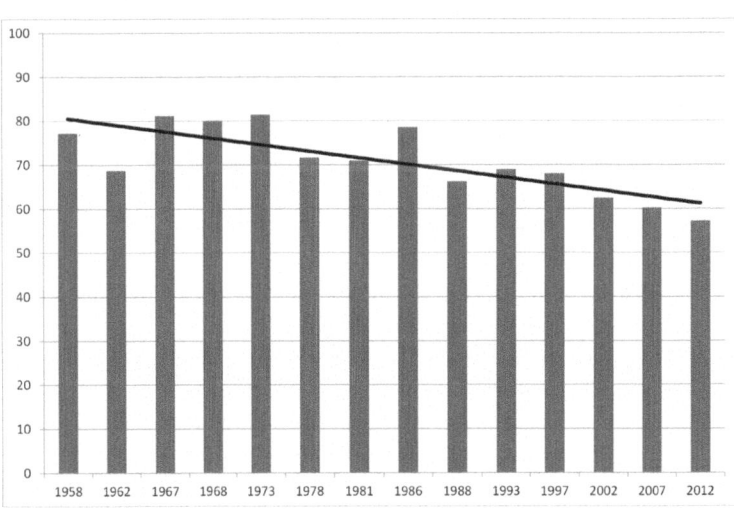

Quelle: Eigene Darstellung mit Daten von Parties and Elections (2015)

Abbildung 1.4   Wahlbeteiligung bei Parlamentswahlen ausgewählter osteuropäischer
Staaten 1989–2014

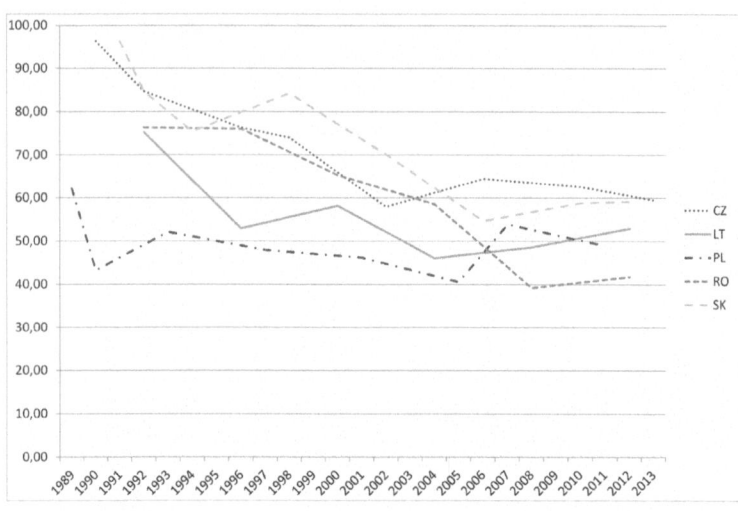

Quelle: Eigene Darstellung mit Daten von Parties and Elections (2015)

1.2   Die reinen Wahlbeteiligungsraten bei Europawahlen

Die Rückgänge bei nationalen Parlamentswahlen erscheinen jedoch geradezu gering, wenn man sie mit sogenannten Nebenwahlen vergleicht. Betrachtet man
nämlich Abbildungen 1.5 und 1.6 so ist zwar über sechs Jahrzehnte ein Rückgang von durchschnittlich 15–20 Prozentpunkten zu verzeichnen. Aber sowohl in
Deutschland, Frankreich als auch in Großbritannien liegen die Beteiligungsquoten weiterhin deutlich über 50 Prozent.

Weitaus dramatischer werden die Wahlergebnisse allerdings, wenn man sich
die Zahlen für Europa-, Landtags- und Kommunalwahlen näher anschaut. Bei
Europawahlen fällt die Wahlbeteiligung in allen EU-Mitgliedsstaaten stetig und
lag zuletzt bei nur noch 42,6 Prozent (siehe Abbildung 1.5).

Auch innerhalb der verschiedenen Mitgliedsstaaten sinkt sie stetig. Nur Belgien – als eines von vier Ländern mit einer Wahlteilnahmepflicht – erreicht konstant Werte um die 90 Prozent. Alle weiteren in Abbildung 1.6 abgebildeten Staaten verzeichnen jedoch mehrheitlich fallende Quoten. Immerhin stagnierten die
Zahlen in Deutschland, Frankreich und Spanien zuletzt oder konnten sich sogar
leicht erholen. Italien erlebte aber seit der ersten Europawahl 1979 einen Rückgang von beinahe 30 Prozentpunkten auf nur noch 57,2 Prozent. Zypern trat 2004

Abbildung 1.5 Wahlbeteiligung bei Europawahlen 1979–2014

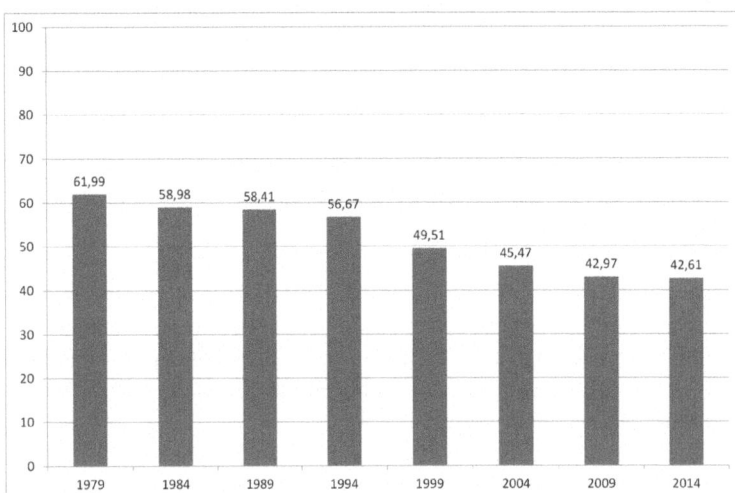

Quelle: Eigene Darstellung mit Daten des Europäischen Parlaments (2014)

Abbildung 1.6 Wahlbeteiligung bei Europawahlen in sieben ausgewählten Mitgliedsstaaten 1979–2014

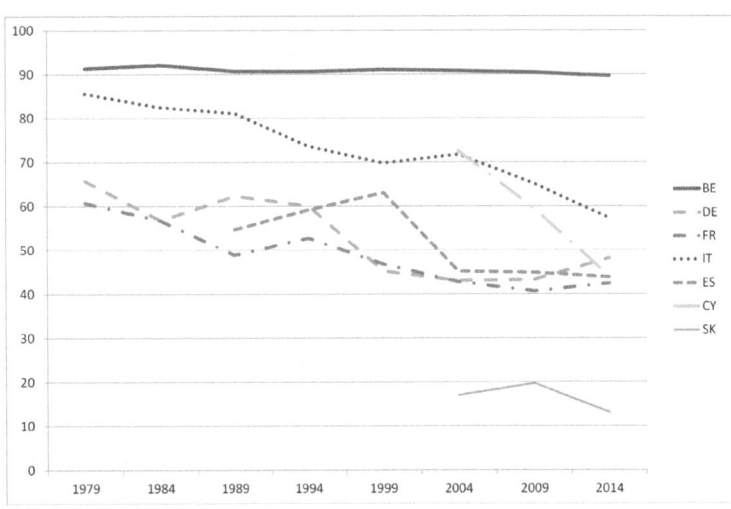

Quelle: Eigene Darstellung mit Daten des Europäischen Parlaments (2014)

als einer von zehn neuen Staaten der EU bei. Nach erster Euphorie kollabierte die
Wahlbeteiligung praktisch innerhalb von 10 Jahren um ca. 30 Prozentpunkte. Die
Slowakei bildet die untere Grenze des Wahlbeteiligungsspektrums. Hier konnte
man bei der Europawahl 2014 nur 13,05 Prozent der Bürger zum Gang zur Wahl-
urne bewegen. Sie kam bei einer Europawahl noch nie über 20 Prozent.

1.3   Die reinen Wahlbeteiligungsraten bei Landtagswahlen

Aber nicht nur auf europäischer Ebene sinkt die Wahlbeteiligung, sondern auch
bei Landtagswahlen ist das übliche Schema zu erkennen. In allen Bundesländern
ist eine ähnliche Entwicklung zu beobachten: Die Wahlbeteiligung fiel im selben
Zeitraum ebenfalls rapide und erreichte bei einigen Landtagswahlen sogar Werte
unter 50 Prozent (Tagesschau.de 2015).

In Nordrhein-Westfalen beispielsweise, sank die Wahlbeteiligung, wie in ganz
Europa zu beobachten, in den 80er und 90er-Jahren deutlich – von 1995 bis 2000
nochmals um fast 10 Prozentpunkte auf nur noch 56 Prozent. Zuletzt konnte sich
die Wahlbeteiligung etwas stabilisieren, liegt aber in NRW weiterhin knapp unter
60 Prozent (Abbildung 1.7).

Auch in anderen Bundesländern ist diese Tendenz eindeutig zu beobach-
ten (Abbildung 1.8). In den westdeutschen Bundesländern Bayern und Baden-
Württemberg sank die Wahlbeteiligung ab den 1970er-Jahren fast durchgehend.
In Mecklenburg-Vorpommern war dagegen Anfang der 1990er-Jahre noch ein
Aufschwung zu beobachten und 1998 erreichte die Wahlbeteiligung nochmal einen Wert von knapp unter 80 Prozent. Dies hängt allerdings stark mit der zeit-
gleich stattfindenden Bundestagswahl zusammen. Nach dieser Wahl fiel auch die
Wahlbeteiligung in Mecklenburg-Vorpommern rapide und lag 2011 bei nur noch
51,5 Prozent. Damit wird auch deutlich, wie wichtig parallel stattfindende Bundestagswahlen sind. Sobald diese nicht mehr gleichzeitig stattfinden, sinken auch die
Beteiligungsquoten bei Nebenwahlen rapide.

1.4   Die ‚kontrollierten' Wahlbeteiligungsraten für Europa, Deutschland und NRW

Besonders deutlich wird die insgesamt negative Entwicklung, wenn man die Wahlergebnisse der Parteien prozentual anhand der Zahl der Wahlberechtigten berechnet (und nicht wie üblich anhand der Zahl der Wähler): So wäre vom triumphalen
Wahlsieg Angela Merkels bei der Bundestagswahl 2013 nur noch eine Zustimmung

Abbildung 1.7   Wahlbeteiligung bei Landtagswahlen in Nordrhein-Westfalen 1975–2012

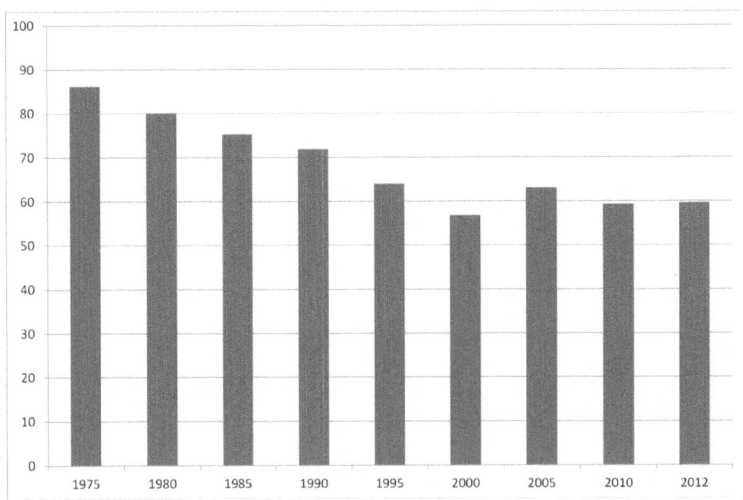

Quelle: Eigene Darstellung mit Daten von Wahlrecht.de (2012)

Abbildung 1.8   Wahlbeteiligung bei Landtagswahlen in ausgewählten Bundesländern 1946–2014

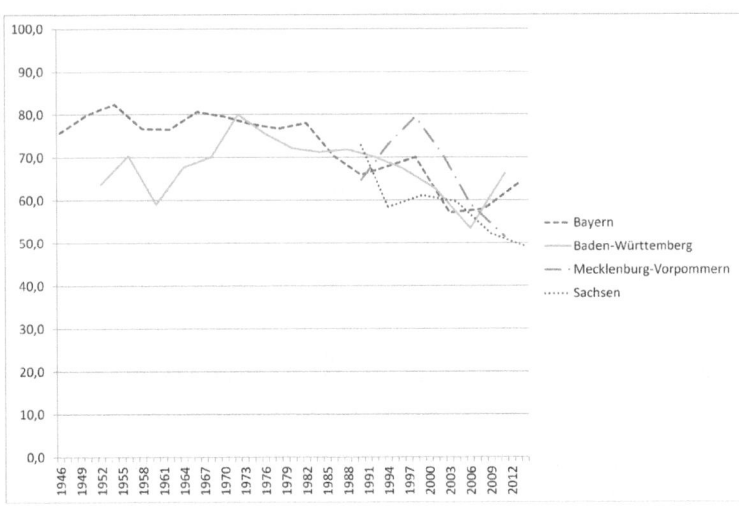

Quelle: Eigene Darstellung mit Daten von Wahlrecht.de (2012)

Abbildung 1.9   Anteil an allen Wahlberechtigten: Bundestagswahl 2013

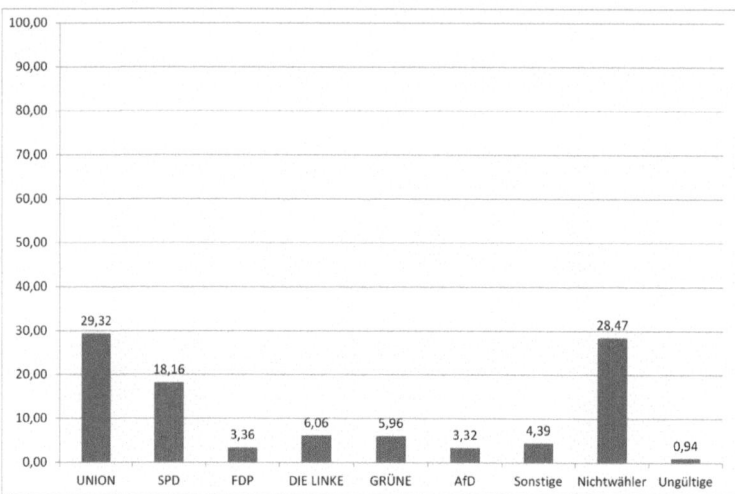

Quelle: Eigene Berechnung und Darstellung auf Grundlage der Daten des Bundeswahlleiters (2013)

Abbildung 1.10   Anteil an allen Wahlberechtigten: Landtagswahl NRW 2012

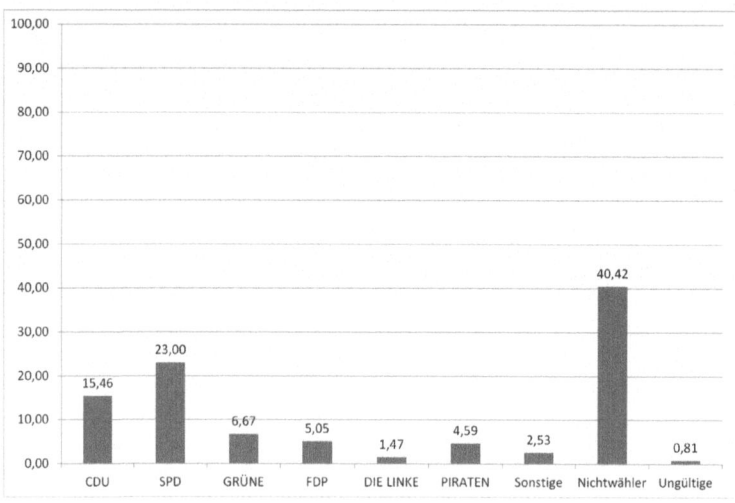

Quelle: Eigene Berechnung und Darstellung auf Grundlage der Daten der Landeswahlleiterin NRW (2012)

Abbildung 1.11   Anteil an allen Wahlberechtigten: Europawahl 2014 in Deutschland

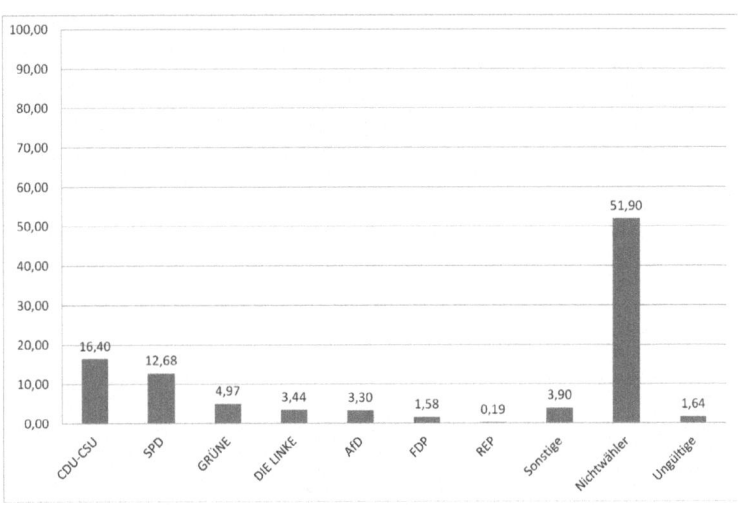

Quelle: Eigene Darstellung mit Daten des Europäischen Parlaments (2014)

im Wahlvolk von unter 30 Prozent übrig. Die kleinen Bundestagsparteien, Linke und Grüne, lägen mit jeweils sechs Prozent nur noch knapp über der Zugangshürde zum Parlament (Abbildung 1.9). Der umjubelte Wahlsieg Hannelore Krafts in Nordrhein-Westfalen 2012 wäre in dieser Rechnung mit nur noch 23 Prozent doch eher bescheiden ausgefallen (Abbildung 1.10). Wahlsieger in NRW wäre die ‚Partei der Nichtwähler' geworden, im Bund hätte sie mit der Union nahezu gleichgezogen.

Bei Europawahlen ist das Bild erneut noch düsterer: Während in Deutschland (Abbildung 1.11) dem Wahl*sieger* CDU/CSU mit immerhin noch 16 Prozent der Wahlberechtigten vergleichsweise hohe Zustimmung zu Teil wird (52 Prozent Nichtwähler-Anteil), unterstützen den französischen Wahlsieger, den Front National, nur knapp unter zehn Prozent der Wahlberechtigten (58 Prozent Nichtwähler-Anteil).

Wären zudem die Nichtwähler eine einzige Partei, würden sie in fast allen anderen europäischen Ländern Erdrutschsiege einfahren: Bei Europawahlen standen beispielsweise zuletzt in Spanien 54 Prozent Nichtwähler einem Wahlsieger, der Volkspartei, mit elf Prozent gegenüber. In Großbritannien wäre das Rennen 64 zu neun Prozent, in Polen 77 zu sechs Prozent und in der Slowakei gar 87 zu 2,5 (!) Prozent für die Nichtwähler ausgegangen (vgl. Parties and Elections 2015).

Tabelle 1.1 Übersicht über den Anteil an allen Wahlberechtigten der stärksten Partei und der Nichtwähler in allen EU-Mitgliedsstaaten bei der Europawahl 2014

Land		%	Differenz	Land		%	Differenz
AUT	Wahlsieger	11,46	−43,14	HUN	Wahlsieger	14,68	−56,42
	Nichtwähler	54,60			Nichtwähler	71,10	
BEL	Wahlsieger	14,03	3,63	IRL	Wahlsieger	10,91	−37,49
	Nichtwähler	10,40			Nichtwähler	48,40	
BGR	Wahlsieger	9,21	−55,29	ITA	Wahlsieger	23,13	−16,87
	Nichtwähler	64,50			Nichtwähler	40,00	
CYP	Wahlsieger	15,90	−40,10	LTU	Wahlsieger	7,47	−47,63
	Nichtwähler	56,00			Nichtwähler	55,10	
CZE	Wahlsieger	3,02	−77,48	LUX	Wahlsieger	30,19	20,19
	Nichtwähler	80,50			Nichtwähler	10,00	
DEU	Wahlsieger	16,40	−35,50	LVA	Wahlsieger	13,88	−56,12
	Nichtwähler	51,90			Nichtwähler	70,00	
DNK	Wahlsieger	14,37	−29,23	MLT	Wahlsieger	38,75	13,55
	Nichtwähler	43,60			Nichtwähler	25,20	
ESP	Wahlsieger	11,51	−42,59	NLD	Wahlsieger	5,64	−57,36
	Nichtwähler	54,10			Nichtwähler	63,00	
EST	Wahlsieger	8,77	−54,73	POL	Wahlsieger	6,29	−71,01
	Nichtwähler	63,50			Nichtwähler	77,30	
FIN	Wahlsieger	9,12	−49,98	PRT	Wahlsieger	9,21	−56,29
	Nichtwähler	59,10			Nichtwähler	65,50	
FRA	Wahlsieger	9,56	−48,04	ROU	Wahlsieger	12,20	−55,36
	Nichtwähler	57,60			Nichtwähler	67,56	
GBR	Wahlsieger	9,49	−54,51	SVK	Wahlsieger	2,50	−84,50
	Nichtwähler	64,00			Nichtwähler	87,00	
GRC	Wahlsieger	14,47	−27,33	SVN	Wahlsieger	4,17	−74,83
	Nichtwähler	41,80			Nichtwähler	79,00	
HRV	Wahlsieger	9,12	−65,78	SWE	Wahlsieger	11,63	−39,57
	Nichtwähler	74,90			Nichtwähler	51,20	

Quelle: Eigene Berechnung mit Daten von Parties and Elections (2015)

Abbildung 1.12   Anteil an allen Wahlberechtigten: Ratswahl Duisburg 2014

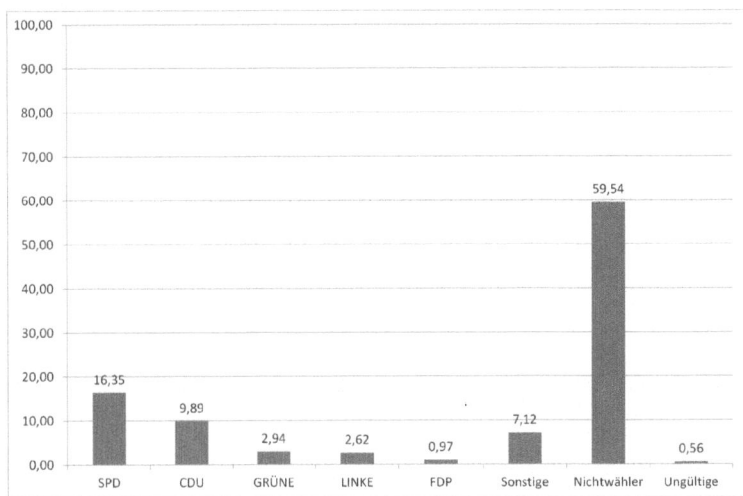

Quelle: Eigene Berechnung und Darstellung auf Grundlage der Daten der Wahlstatistik der Stadt Duisburg 2015

Wie in Tabelle 1.1 ersichtlich liegen die Nichtwähler bei Europawahlen in fast allen EU-Mitgliedsstaaten prozentual vor der Partei des Wahlsiegers. Im Durchschnitt liegt der Vorsprung der Nichtwähler sogar bei über 40 Prozentpunkten. Ausnahmen bilden Belgien, Luxemburg und Malta, wo die Siegerpartei vor der ‚Partei der Nichtwähler' lag. In Belgien und Luxemburg liegt dies vor allem an der auch bei Europawahlen geltenden Wahlteilnahmepflicht.

Schaut man sich zudem die Ergebnisse der Kommunalwahlen einiger beispielhaft ausgewählter Städte in NRW an, liegen auch hier die Nichtwähler klar vorn. Bei der Ratswahl 2014 in Duisburg hätten die Volksparteien SPD und CDU nur 16 bzw. 10 Prozent erhalten, während keine andere Partei auch nur annähernd fünf Prozent erhalten hätte. Demgegenüber stünde eine fiktive ‚Partei der Nichtwähler' mit knapp 60 Prozent ‚Zustimmung' kurz vor der Erlangung der Zwei-Drittelmehrheit (Abbildung 1.12).

Natürlich bilden die Nichtwähler keine einheitliche Partei und auch die Frage, wie homo- oder heterogen ihre politischen Parteipräferenzen sind, ist umstritten (vgl. Kapitel 4). Dennoch zeigt die Gegenüberstellung von Parteiergebnissen und Nichtwählern teils dramatische Ergebnisse für die ‚reale' Stärke der Parteien.

Zum Zeitpunkt des Erscheinens dieses Bands sind auch einige Kommunalwahlen in NRW erst wenige Monate her. Auch hier spiegelt sich das Bild aus Euro-

Abbildung 1.13 Anteil an allen Wahlberechtigten bei der Oberbürgermeisterwahl in Bonn 2015

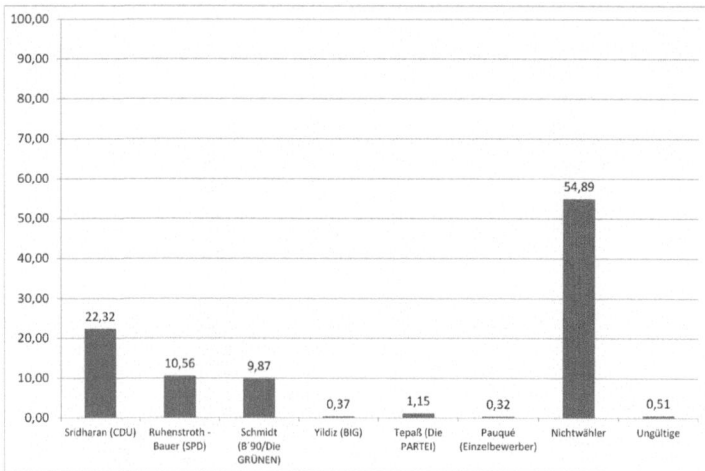

Quelle: Eigene Berechnung und Darstellung auf Grundlage der Daten des Ministeriums für Inneres und Kommunales NRW (2015)

Abbildung 1.14 Anteil an allen Wahlberechtigten bei der Oberbürgermeisterwahl in Essen 2015

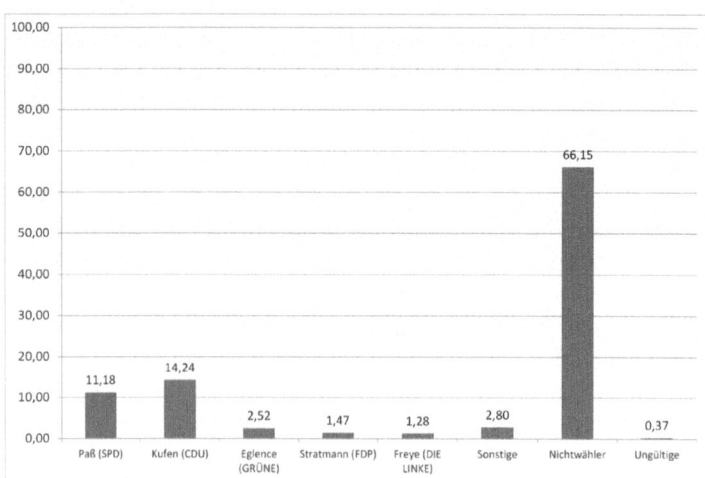

Quelle: Eigene Berechnung und Darstellung auf Grundlage der Daten des Ministeriums für Inneres und Kommunales NRW (2015)

Abbildung 1.15   Anteil an allen Wahlberechtigten bei der Oberbürgermeisterwahl in Münster 2015

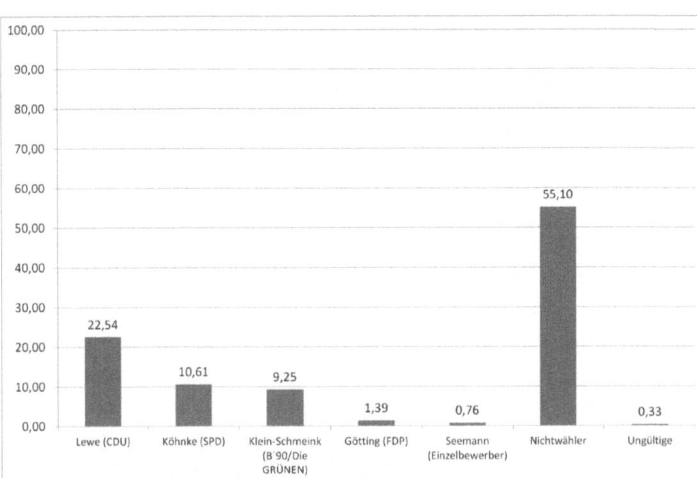

Quelle: Eigene Berechnung und Darstellung auf Grundlage der Daten des Ministeriums für Inneres und Kommunales NRW (2015)

Abbildung 1.16   Anteil an allen Wahlberechtigten bei der Oberbürgermeisterwahl in Wuppertal 2015

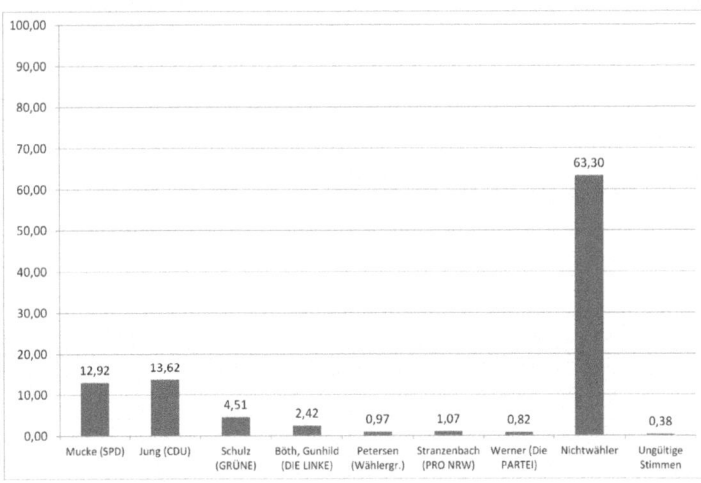

Quelle: Eigene Berechnung und Darstellung auf Grundlage der Daten des Ministeriums für Inneres und Kommunales NRW (2015)

pa, Deutschland und Duisburg wieder. Bei allen in den Abbildungen 1.13–1.16 dargestellten Wahlen liegt der Nichtwähleranteil über 50 Prozent. Wieder bedeutet dies teils dramatische ‚echte' Resultate für die Parteien. Kandidaten der CDU und SPD liegen meistens lediglich zwischen zehn und 20 Prozent, Kandidaten kleinerer Parteien fast immer sogar unter fünf Prozent.

1.5 Die Frage der demokratischen Legitimation

An dieser Stelle drängt sich die Frage nach der demokratischen Legitimation der in den gewählten Parlamenten getroffenen Entscheidungen auf. Denn die Wahlbeteiligung gilt nicht zu Unrecht als ein wichtiger Indikator für den Zustand einer Demokratie. Kritiker dieser These werfen hingegen ein, dass eine niedrige Wahlbeteiligung nicht zwangsläufig schlecht sein müsse, solange jeder Berechtigte die Chance zur Wahlteilnahme habe und das Wahlergebnis somit implizit den Willen des Volkes widerspiegele. In dem Zusammenhang wird davon ausgegangen, dass der Wille der Wähler mit dem Willen des Volkes gleichzusetzen ist.

Ob die Nichtwähler tatsächlich deutlich anders wählen würden als die Wähler, ist in der Forschung nicht eindeutig geklärt (Bernhagen und Rose 2012; Highton und Wolfinger 2001; van der Eijk, Cees und van Egmond 2007). Jedoch weisen die bisherigen Erkenntnisse der Wissenschaft darauf hin, dass ein ganz anderer Faktor dazu führt, dass die sinkende Wahlbeteiligung nicht nur die Legitimation getroffener Entscheidungen, sondern auch das generelle Funktionieren der Herrschaft des Volkes in Frage stellt: die soziale Schieflage der niedrigen Wahlbeteiligung.

1.6 Überblick über das Buch

Im Folgenden werden wir den Ursachen, Konsequenzen und Lösungsmöglichkeiten der sinkenden Wahlbeteiligung auf den Grund gehen und den aktuellen Stand der Forschung zusammenfassen, mit neuem Datenmaterial und Analysen unterfüttern, bzw. konstruktiv kritisch hinterfragen.[1] Das Buch ist wie folgt gegliedert:

1   Wir danken Luca Elena Bauer für ihre redaktionelle Arbeit, der guten Zusammenarbeit mit dem Cheflektor Politik des Springer VS Verlags Jan Treibel und der finanziellen Unterstützung im Rahmen des Jean Monnet Programms der Europäischen Union (542458-LLP-1-2013-1-DE-JM-CL). Schließlich gilt unser Dank auch Herrn Roland Richter von der Duisburger Stabsstelle für Wahlen, Europaangelegenheiten und Informationslogistik und seinen Kollegen der Städte Essen und Düsseldorf für die Bereitstellung von Daten, der NRW School of Governance an der Universität Duisburg-Essen, die uns darin unterstützt hat kleinere Teile dieser Studie in Form einer fünfteiligen Serie zur sozialen Schieflage der Wahlbeteili-

Ausgehend davon, dass die sinkende Wahlbeteiligung ein sowohl kommunales, regionales, nationales, als auch deutsches, europa- bzw. weltweites Phänomen ist (Kapitel 1), problematisieren Kapitel 2 und 3 die sogenannte soziale Schieflage der niedrigen Wahlbeteiligung für Deutschland und drei Städte in NRW – Duisburg, Essen und Düsseldorf im Besonderen. Denn je niedriger die Wahlbeteiligung ausfällt, desto sozial ungleicher ist sie: Der Durchschnitts-Nichtwähler ist sozial benachteiligt und vor allem jung. Kohorten-Effekte und zunehmend getrennte Lebensumfelder bewirken, dass diese Gruppen in den kommenden Jahren immer weiter abgehängt und faktisch von der politischen Partizipation ausgeschlossen werden. Diese zunehmende soziale Schieflage der niedrigen Wahlbeteiligung wiederum hat mit sehr großer Wahrscheinlichkeit einen wesentlichen Einfluss auf das politische Angebot, also auf Parteiprogramme, Wahlkämpfe und schlussendlich Gesetze zugunsten der sozial privilegierten Bevölkerungsgruppen. Darüber hinaus konstatieren Teile der Forschung auch eine Veränderung der politischen Nachfrage, d.h. des Wahlergebnisses und somit der Parlamentsmehrheiten und Zusammensetzung der Regierungen, zugunsten privilegierter Bevölkerungsgruppen (Kapitel 4). Dass aus der sinkenden Wahlbeteiligung ein grundlegendes Problem für den Anspruch der Demokratie in Europa, die Herrschaft des (ganzen) Volkes darzustellen, erwächst, ist somit offensichtlich. Doch kann man diese Entwicklung aufhalten? Und vor allem welche Instrumente böten sich an? Kapitel 5 präsentiert die verschiedenen Maßnahmen-Cluster zur Steigerung der Wahlbeteiligung und setzt sich mit diesen kritisch auseinander. Allerdings scheint keine vorgeschlagene Maßnahme das Kernproblem, die soziale Schieflage der niedrigen Wahlbeteiligung, entscheidend bzw. grundlegend zu beheben. Entweder ist die Wirksamkeit vieler Maßnahmen nicht nachgewiesen oder sie wirken – wenn überhaupt – nur langfristig, sind schlecht steuerbar, wirken unter den gegenwärtigen Bedingungen sogar kontraproduktiv oder sind schlichtweg ineffizient, teuer und im schlimmsten Fall ineffektiv. Am vielversprechendsten unter diesen Maßnahmen erscheinen noch eine vor allem auf die sozial benachteiligten Schichten gerichtete Förderung der politischen Bildung und eine ‚aufsuchende Bürgerbeteiligung' in den Problembezirken. Jedoch stellen sie allenfalls notwendige, aber bei weitem keine hinreichenden Maßnahmen dar. Eine effektive Lösung für das Kern-

gung auf regierungsforschung.de im Vorfeld zu veröffentlichen und EUROPE *DIRECT* der Stadt Duisburg, mit der wir im Rahmen einer Abendveranstaltung bereits erste Ergebnisse vorstellen konnten. Wir hoffen sehr, dass wir mit dieser Aufbereitung des aktuellen Forschungsstands zu den Ursachen, Konsequenzen und Lösungsmöglichkeiten der sinkenden Wahlbeteiligung einen hilfreichen Beitrag für die öffentlichen Debatte zu Nichtwählern in Deutschland und Europa leisten können, mit dem Ziel das Volk wieder an die Urne zu bringen, bzw. den Zustand unserer Demokratien in der Europäischen Union weiter zu verbessern.

problem der sinkenden Wahlbeteiligung – der sozialen Schieflage – wird in Kapitel 6 diskutiert: Die Einführung einer gesetzlichen Wahlteilnahmepflicht. Mit ihr setzt sich das letzte Kapitel konstruktiv kritisch auseinander und analysiert die Vor- und Nachteile, ihre rechtliche und normative Rechtfertigung sowie abschließend ihre empirischen Konsequenzen für die politische Nachfrage und das (macht-)politische Angebot. Kapitel 7 fasst die Ergebnisse abschließend zusammen und gibt einen kurzen Ausblick.

Die soziale Schieflage als zentrales Merkmal der sinkenden Wahlbeteiligung   **2**

Die öffentlichen Diskussionen zur Wahlbeteiligung sind häufig geprägt von der subjektiven Wahrnehmung der Diskutanten und gehen meist an den aktuellen Erkenntnissen der Wissenschaft vorbei: Der Stereotyp des intellektuellen Nichtwählers bleibt nach weltweit einheitlichen Erkenntnissen genauso ein Mythos, wie plumpe Erklärungen mittels der (Un-)Zufriedenheit der Wähler mit der Politik. Vielmehr zeigt die Forschung, dass die sinkende Wahlbeteiligung in Deutschland seit den 1980er-Jahren in eine immense soziale Schieflage geraten ist, die eine ernsthafte Gefahr für die Funktionsfähigkeit unserer Demokratie darstellt.

2.1 Die Sozialstruktur der Wähler und Nichtwähler

Zu selten also wird in den (kurzen) öffentlichen Debatten die Frage gestellt, wer die Nichtwähler sind und welche Motive sie zur Wahlenthaltung führen. Gibt es eine homogene Gruppe, die aus ähnlichen Motiven nicht wählen geht? Oder handelt es sich um eine Vielzahl von Motiven? Die Antwort auf diese Fragen beeinflusst ganz wesentlich die möglichen Lösungswege. Daher ist es in jeder Debatte über die Wahlbeteiligung elementar wichtig, die soziale Struktur der Nichtwähler genau zu untersuchen.

Eine solche Analyse offenbart eine in der Forschung einheitliche, aber in ihrer Deutlichkeit überraschende Erkenntnis. Denn obwohl die Sozialwissenschaften sich schwer damit tun, empirische und theoretische Befunde als Gesetzmäßigkeiten anzusehen, erhob der schwedische Forscher Herbert Tingsten seine Ergebnisse schon 1937 zu einer eben solchen. Er formulierte es wie folgt: „Je niedriger die Wahlbeteiligung ausfällt, desto ungleicher ist sie" (Tingsten 1975, S. 230). Doch kann Tingstens Gesetz auch heute noch der empirischen Überprüfung standhalten?

Für Deutschland hat die Bertelsmann-Stiftung mehrere Studien vorgelegt, die in beeindruckender Weise Tingstens Gesetz belegen (vgl. Bertelsmann Stiftung 2013a, 2013b). Ob jemand wählt, so die These, hänge „stark von seinem sozialen Umfeld und davon ab, wo er wohnt, welche Freunde er hat und ob in seiner Familie über Politik gesprochen wird" (Bertelsmann Stiftung 2013b, S. 6). Um diese These zu untersuchen, baut die Bertelsmann-Stiftung in ihrer Studie auf den Überlegungen der US-amerikanischen Forscher Hajnal und Trounstine (2005) auf, die statt – wie in der bisherigen Forschung – ganze Länder, Bundesstaaten oder Wahlkreise, vielmehr einzelne Stadtteile verglichen. Der Grund hierfür ist, dass auf dieser Ebene die Bevölkerungsgruppen deutlich homogener und somit Effekte sozialer und ethnischer Segregation besser erkennbar sind.

Das Ergebnis ist eindeutig: „Je prekärer die Lebensverhältnisse, desto weniger Menschen gehen wählen" (Bertelsmann Stiftung 2013b, S. 10). Genauer gesagt bedeutet dies: „Je höher der Anteil von Haushalten aus den sozial prekären Milieus, je höher die Arbeitslosigkeit, je schlechter die Wohnverhältnisse und je geringer der formale Bildungsstand und die durchschnittliche Kaufkraft der Haushalte in einem Stadtviertel oder Stimmbezirk, umso geringer ist die Wahlbeteiligung" (Bertelsmann Stiftung 2013b, S. 10). Wählerhochburgen seien ausschließlich in Stadtvierteln zu finden, in denen die Arbeitslosigkeit gering sei (vgl. Bertelsmann Stiftung 2013b, S. 11). Der statistische Zusammenhang zwischen der Arbeitslosigkeit in einem Stadtviertel und der Höhe der Wahlbeteiligung sei – für die Sozialwissenschaft – sogar außerordentlich stark.

Thorsten Faas (2010) analysiert den Zusammenhang von Wahlbeteiligung und Arbeitslosigkeit ebenfalls ausführlich und kommt für Deutschland zu identischen Ergebnissen. Arbeitslose nehmen mit geringerer Wahrscheinlichkeit an einer bevorstehenden Bundestagswahl teil und sind auch sonst überproportional aus dem System ausgeschlossen. Dieser Effekt bleibt auch bei einer Kontrolle durch vorhandene soziostrukturelle Unterschiede bestehen (vgl. Faas 2010, S. 375 f.). Darüber hinaus hat auch die Furcht vor einem potentiellen Jobverlust negative Auswirkungen auf die Beteiligung an der nächsten Wahl. Diese Angst steigt ebenfalls mit der Verschlechterung der Lebensverhältnisse (vgl. Faas 2010, S. 383), weshalb sich auch für die subjektive Deprivationserfahrung eine soziale Schieflage der Wahlbeteiligung manifestiert.

Die Faktenlage erweist sich für diverse Indikatoren als überwältigend: In Stadtteilen mit niedriger Wahlbeteiligung gehörten fast zehnmal so viele Menschen sozial prekären Milieus an (67 Prozent), wie in Stadtteilen mit der höchsten Wahlbeteiligung (7 Prozent). Fünfmal so viele Menschen seien hier arbeitslos (14,7 zu 3 Prozent), mehr als doppelt so viele hätten keinen Schulabschluss (15,2 Prozent) und weit weniger als die Hälfte Abitur (18,2 Prozent). Zudem liege die durchschnittliche Kaufkraft der Haushalte um ein Drittel (ca. 35 000 Euro p. a.) unter-

halb der der Stadtteile mit der höchsten Wahlbeteiligung (ca. 52 000 Euro p. a.)
(vgl. Bertelsmann Stiftung 2013b, S. 12). „In Stadtvierteln mit überdurchschnittli-
chem Einkommensniveau, geringer Arbeitslosigkeit und geringerem Migranten-
anteil liegt die Wahlbeteiligung regelmäßig über dem Durchschnitt" (Schäfer 2012,
S. 247). Fallen diese Einflussfaktoren weniger positiv aus, sinkt auch die Wahlbeteiligung. Dabei sind die Effekte oftmals linear.

2.2 Wähler und Nichtwähler in verschiedenen Lebenswelten

Ein Besorgnis erregendes Ergebnis der Forschung ist, dass Wähler und Nichtwähler häufig in unterschiedlichen Stadtteilen wohnen und damit kaum Kontakt zueinander haben (vgl. Bertelsmann Stiftung 2013b, S. 27). „Diese Trennung
vergrößert wahrscheinlich die Beteiligungsunterschiede bei Wahlen, da die politikwissenschaftliche Forschung gezeigt hat, dass zwar der Kontakt mit anderen
Wählern die eigene Wahlbereitschaft erhöht – der Kontakt mit Nichtwählern jedoch das Gegenteil bewirkt" (2013b, S. 27), erklärt die Bertelsmann-Stiftung den
vermuteten Mechanismus auf Mikro-Ebene. Ähnliche Ergebnisse finden sich auch
bei Kühnel (2001, S. 36).

Weiterhin spielt die politische Aktivität von Freunden und die wahrgenommene Wahlbeteiligungsnorm im Umfeld eine große Rolle (vgl. Bertelsmann Stiftung
2013b, S. 37). Auch die Bertelsmann-Stiftung stellt heraus, dass die Wahrscheinlichkeit der Wahl von 77 auf nur noch 19 (!) Prozent sinkt, wenn ein Bürger annimmt, dass in seinem Freundeskreis die meisten nicht wählen, gegenüber einem
Bürger, der annimmt, dass sich die meisten in seinem Freundeskreis an Wahlen
beteiligen (vgl. Bertelsmann Stiftung 2013c, S. 4 f.). In den sozialen Unterschichten
vermuten nur 37 Prozent, dass ihre Freunde wählen gehen, während dies in den
oberen Schichten 68 Prozent tun. Gleichzeitig wird in den Elternhäusern der Bes-
sergestellten mehr als doppelt so oft über Politik gesprochen, wie in den Elternhäusern der sozial Benachteiligten (vgl. Bertelsmann Stiftung 2013c, S. 4 f.).

Weil das soziale Umfeld, das massiv die Wahrscheinlichkeit der Wahlteilnahme
beeinflusst, nicht selten mit dem territorialen Umfeld verknüpft ist, geht der Rückgang der Wahlbeteiligung auch immer mit einer Spreizung zwischen den Vierteln
mit hoher Wahlbeteiligung und denen mit niedriger Wahlbeteiligung einher (vgl.
Schäfer und Roßteutscher 2015, S. 105). Es bleiben also besonders dort Menschen
der Wahl fern, wo ohnehin schon wenige wählen, während der Rückgang in Vierteln mit hoher Beteiligung schwächer ausfällt. Hinzu kommt erschwerend, dass in
den sozial benachteiligten Schichten, die „soziale Lage im Land von der Bevölkerung als zunehmend ungerecht empfunden wird, der Glaube an die Möglichkeit

des sozialen Aufstiegs schwindet, und es sich dabei nicht um marginale, sondern um massive Veränderungen der Einschätzungen handelt" (Bertelsmann Stiftung 2013a, S. 23). Der entscheidende Mechanismus sei dabei, dass „die zunehmende gefühlte und tatsächliche soziale Ungleichheit (…) politisch demobilisierend (wirkt), weil der Einstellungs- und Wertewandel die soziale Spaltung nicht in Protest und politische Mobilisierung, sondern in Gleichgültigkeit und Apathie übersetzt" (Bertelsmann Stiftung 2013c, S. 4). Immer stärker verfestigt sich bei diesen Menschen das Gefühl „politics is not for us" (Ballinger 2006, S. 7).

Dies stellt eine eindeutige Gefahr für den demokratischen Prozess dar, wie wir ihn bisher kannten, denn die „Kräfte, die historisch die Demokratie getrieben haben, stellen sie heute in Frage. Noch zu Beginn des 20. Jahrhunderts war die Demokratie die Antwort auf die soziale Frage. Zu Beginn des 21. Jahrhunderts wird die neue soziale Frage zu einer ihrer größten Herausforderungen" (Bertelsmann Stiftung 2013c, S. 4).

Es ist also zu erkennen, dass ein sehr großer Teil der Nichtwähler in prekären Lebensverhältnissen lebt, in Gegenden wohnt, in denen Politik faktisch nicht mehr existiert und sich zudem auch noch vom politischen Prozess ausgeschlossen fühlt. Sofern es also nicht gelingt auf Individuen mit deutlich anderen Lebensverläufen zu treffen, wird ein Abgleiten in politische Apathie und Exklusion immer wahrscheinlicher. Folglich ist der Grund für die Nichtwahl mit Fortschreiten dieses Prozesses also immer mehr ein ‚Nicht-Können' als ein ‚Nicht-Wollen' und somit keine freie Entscheidung (vgl. Faas 2010, S. 474). Mit anderen Worten: Den politisch abgehängten sozialen Schichten steht zwar keine rechtliche, aber eine immense faktische Zugangsbeschränkung zur Wahlteilnahme entgegen.

2.3 Verschärfung der sozialen Schieflage durch Alters- und Kohorteneffekte

Wie entsteht diese soziale Schieflage und warum verschärft sich die Lage immer weiter? Der zuvor diskutierte Prozess der sozialen Segregation und Deprivation ist vor allem als Gefahr für die Wahlbeteiligung der nachwachsenden Jahrgänge zu sehen: Denn neben sozial Benachteiligten stellen junge Menschen bereits jetzt eine zweite Gruppe mit außerordentlich geringen Beteiligungsraten dar. Dabei ist es sehr häufig der Fall, dass beide Faktoren zutreffen: Nichtwähler sind oftmals sozial benachteiligt und jung. Besonders deutliche Ergebnisse zeigen Studien aus Großbritannien, doch auch in vielen anderen Ländern gibt es ähnliche Ergebnisse: Im Vereinigten Königreich ist der bereits beachtliche Abstand von 18 Prozentpunkten in der Wahlbeteiligung zwischen der Gruppe der 18- bis 24-Jährigen zu der Gruppe der 65- bis 74-Jährigen vom Jahr 1970 bis ins Jahr 2005 auf 40 Prozentpunkte angestiegen (vgl. Keaney und Rogers 2006, S. 5). Mehr als doppelt so viele Bürger, die älter als 65 waren, wählten 2005 im Vergleich zu den Jungwählern. Das Nicht-Wählen sei in Großbritannien in der Altersgruppe der 18- bis 24-Jährigen mittlerweile häufiger als das Wählen (vgl. Ballinger 2006, S. 14).

Es ist darüber hinaus zu erkennen, dass sich diese desinteressierten und unpolitischen jungen Menschen häufig in Umfeldern bewegen, die durch junge Menschen mit ähnlichen Einstellungen geprägt sind. Ob jemand sein Wahlrecht verschenkt, scheint hier nicht mehr von Bedeutung zu sein. Die soziale Wahlnorm geht an diesen Gruppen folglich schlichtweg vorbei, da innerhalb dieser Gruppen keine sozialen Sanktionen bei Nicht-Wahl zu befürchten sind (vgl. Bertelsmann Stiftung 2013c, S. 7).

Oftmals wird an dieser Stelle eingewendet, dass junge Menschen schon immer geringere Partizipationsraten aufweisen würden als ältere Menschen und dass sich dies jedoch mit fortschreitendem Alter ausgleiche. Im Gegensatz zu früheren Jahren hat sich allerdings etwas Entscheidendes geändert: Eine besondere Gefahr für die Höhe der Wahlbeteiligung stellen heute sogenannte Kohorten-Effekte dar.

Die ,normale' und über Jahrzehnte festgestellte Wellenbewegung der Wahlbeteiligung sah wie folgt aus: Die Partizipationsraten bei der ersten Wahl sind – auch aufgrund der noch höheren Kontrolle durch die Eltern und der Wahrnehmung des Wählens als etwas ,Neuem' – etwas höher, sinken dann aber in den 20er-Lebensjahren ab. Politik rückt hier in den Hintergrund. Ab den 30er-Lebensjahren betrifft Politik wieder immer mehr Lebensbereiche der Bürger und die Wahlbeteiligung steigt kontinuierlich an, bis sie im hohen Lebensalter, z. B. aufgrund von Krankheit, wieder sinkt (sogenannte ,Lebenszyklusthese', vgl. Abendschön und Roßteutscher 2011, S. 64). Dieser Zusammenhang wird in Abbildung 2.1 anhand von ALLBUS-Daten veranschaulicht.

Die Gefahr besteht gegenwärtig jedoch darin, dass das Beteiligungsniveau der heutigen Jungwähler deutlich niedriger ist, als das der vorherigen Alterskohorten zum selben Zeitpunkt ihres Lebens (vgl. Abendschön und Roßteutscher 2011, S. 64). Dies führt dazu, dass die heutigen Jungwähler zwar einen ähnlichen Lebenszyklus durchlaufen, die Wellenbewegung aber von einem deutlich geringeren Level ausgeht.

Rolf Becker analysiert anhand von ALLBUS-Daten, dass der Rückgang der Wahlbeteiligung „hauptsächlich auf dem veränderten Wahlverhalten von politischen Generationen" (Becker 2002, S. 257 f.) beruht und der Kohorteneffekt den Effekt von lebenszyklischen Partizipationsmustern oder kurzfristigen Reaktionen auf politische Konstellationen übersteigt. Das Sinken der Wahlbeteiligung ist daher keine kurzfristige Schwankung innerhalb der Wählerschaft, sondern „Ergebnis einer langfristigen wie einer signifikanten Veränderung des individuellen Wahlverhaltens jüngerer politischer Generationen" (Becker 2002, S. 259).

Abbildung 2.1   Wahlbeteiligung in verschiedenen Altersstufen
bei der Bundestagswahl 2013

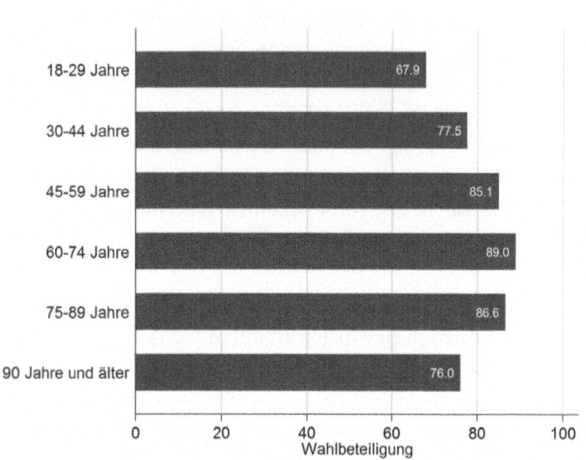

Quelle: Eigene Berechnungen und Darstellung anhand des ALLBUS (ZA4580; (2014)); n = 6 291

Diese Kohorten-Effekte lassen sich zudem theoretisch erklären (Plutzer 2002): Wenn eine Alterskohorte das Wahlalter erreicht, basiert ihre individuelle Wahrscheinlichkeit der Wahlteilnahme vor allem auf familiären, sozioökonomischen und politischen Ressourcen. Im Laufe des Lebens lässt der Einfluss der ‚Start-Ressourcen' nach, wenn die jungen Erwachsenen eigene Leistungen erbringen und Erfahrungen machen. Dadurch werden mehr und mehr Personen auch aus dieser Kohorte zu Wählern und die Differenz zwischen beiden Gruppen schrumpft. Dies erklärt, warum auch heute in den nachwachsenden Kohorten mit dem Alter zunehmende Wahlbeteiligungsraten zu erkennen sind. Hinzu kommt, dass Menschen zu Trägheit in ihrem Verhalten neigen: Bürger, die mehrmals wählen gegangen sind, wählen im Großen und Ganzen ihr Leben lang. Wahlberechtige, die mehrfach nicht zur Urne gingen, werden häufig zu dauerhaften Nichtwählern. Das große Problem für die Stabilität der Wahlbeteiligung entsteht vielmehr dadurch, dass die Startressourcen und somit die Startniveaus in der Bevölkerung heute immer weiter auseinander klaffen, immer mehr Menschen nur ein niedriges Startniveau erreichen und im Status des Nichtwählers verharren. Denn die Trägheitswirkung sorgt dafür, dass die Start-Ressourcen die Wähler von den Nichtwählern auch in den folgenden Wahlen unterscheiden. Die Zunahme der Wahlwahrscheinlichkeit durch Erfahrungen und Lebensleistungen kann dies immer seltener ausgleichen.

Insgesamt ist daher zu erwarten, dass die Wahlbeteiligungsraten aufgrund dieses Kohorten-Effekts auch in den kommenden Jahren kontinuierlich sinken werden (Plutzer 2002). Ein „*cohort effect has been generated, whereby these young people are so disengaged from politics that they will not become voters later in life*" (Ballinger 2006, S. 14).

2.4 Soziale Schieflage in Europa, Deutschland und NRW

Der Effekt einer Arbeitsstelle und soziokultureller Faktoren auf Wahlbeteiligung

Das Phänomen der sozialen Schieflage der Wahlbeteiligung finden Wissenschaftler in nahezu allen etablierten Demokratien: „*Participation is growing more unequal since the most disadvantaged groups in particular are failing to vote*" (Schäfer 2011b, S. 9). Europaweite Studien bestätigen dieses Phänomen unabhängig von Drittvariablen, wie zum Beispiel einem Ost-West-Gefälle (vgl. Kohler 2006, S. 172 f.). In Großbritannien oder Finnland beispielsweise gibt es ähnliche sozioökonomische Verzerrungen in der Wahlbeteiligung (vgl. Hill 2002, S. 84). Auch in Frankreich, Spanien, den Niederlanden, Schweden und Norwegen besteht eine starke Korrelation zwischen niedrigem sozioökonomischen Status und der Höhe der Wahlbeteiligung (vgl. Dalton 2014, S. 57 f.; Lijphart 1997, S. 3). Besonders in Schweden konnte durch ein natürliches Quasi-Experiment (Wiederholungswahl in einem Landkreis) gezeigt werden, dass eine niedrigere Wahlbeteiligung auch eine größere soziale Spaltung in der Wahlbeteiligung zur Folge hat. Die Wahlbeteiligung fiel bei der Wiederholung von über 80 auf knapp über 40 Prozent. Dabei blieben der Wiederholungswahl überproportional häufig Personen mit geringem Einkommen, geringerer Bildung, jüngere Menschen und Personen mit geringem Interesse an Politik fern (vgl. Persson et al. 2013, S. 179).

Die Ursachen scheinen international sehr ähnlich zu sein. So zeigt ein Vergleich zwischen europäischen Staaten und den USA, dass die höchsten Einkommensquintile eine deutlich höhere Wahlbeteiligung aufweisen. Der Unterschied ist für die neuen osteuropäischen EU-Staaten dabei etwas größer als bei den alten EU-Mitgliedsstaaten (vgl. Alber und Kohler 2007, S. 525). Äquivalent dazu fallen die Ergebnisse in Bezug auf den Bildungsgrad aus.

Der Effekt einer sicheren Arbeitsstelle und der davon in großem Maße abhängigen Sozialintegration (vgl. Esser 2001, S. 10) kann anhand von Abbildung 2.2 verdeutlicht werden.[2] Bis auf wenige Ausnahmen liegt die (erfragte) Wahlbeteiligung bei der Europawahl 2014 im Falle von Erwerbslosigkeit (ohne Job) unter

---

2   Die Daten stammen aus der European Election Study 2014 (ZA5160; (2015)). Für Abbildung 2.2 wurde nur der Status ‚Unemployed' in eine Gruppe kodiert und alle weiteren (Self-employed, Managers, Other white collars, Manual workers, House person, Retired & Stu-

derjenigen von Erwerbstätigen (mit Job). Deutlich erkennbar sind auch hier gewaltige Niveauunterschiede in der Wahlbeteiligung (vgl. Kaeding und Switek 2015, S. 25).

Neben soziostrukturellen Faktoren spielen auch international die Wahlnorm und die soziale Einbindung eine Rolle. In einer Analyse der 21 in der ersten Welle des *European Social Survey* vertretenen Länder konnte ein kombiniertes Modell aus grundsätzlicher Systemunterstützung, sozialer Integration und empfundener Wahlnorm die meiste Varianz aufklären und somit die besten Ergebnisse erbringen (vgl. Goerres 2010, S. 287). Vor allem das bereits angeführte Beispiel aus Schweden (Persson et al. 2013) und der enorme Rückgang der Wahlbeteiligung bei politisch Uninteressierten verdeutlicht diesen Effekt nochmals.

Insgesamt ergibt sich also auch im internationalen Vergleich folgendes Bild: *„Higher levels of income inequality powerfully depress political interest, the frequency of political discussion, and participation in elections among all but the most affluent citizens, providing compelling evidence that greater economic inequality yields greater political inequality"* (Solt 2008, S. 48).

Wahlbeteiligung bei unterschiedlichen Arbeitslosenraten im Freundeskreis

Die politische Aktivität von Freunden und die wahrgenommene Wahlbeteiligungsnorm im Umfeld spielen auch in Deutschland eine große Rolle (vgl. Goerres 2010, S. 291 f.; Kühnel 2001, S. 37). Die Bedeutung und der Einfluss der sozialen Lage des Umfelds auf die Wahlentscheidung, kann auch in Abbildung 2.3 abgelesen werden. Anhand von ALLBUS-Daten wurde ermittelt, wie hoch die durchschnittliche Wahlbeteiligung bei unterschiedlichen Arbeitslosenraten im Freundeskreis ist. Dazu wurden die Interviewpartner zu ihren engsten Freunden befragt und sollten unter anderem auch deren Beschäftigungsstatus preisgeben.[3] Bei der Gruppe, die keine arbeitslosen Freunde hatte, lag die erfragte Wahlbeteiligung bei 84,8 Prozent. Dagegen gingen nur 44 Prozent der Befragten zur Wahl, bei denen alle genannten Freunde in keinem geregelten Beschäftigungsverhältnis standen. Die Tendenz ist beinahe durchgehend fallend.

---

dents) in eine zweite Gruppe kodiert. Die gesamte Fallzahl beträgt 29995. Kein Land hat eine Fallzahl von <500.

3   Viele der Befragten beantworteten diese Frage nur für wenige ihrer Freunde. Die Ergebnisse sind deshalb vermutlich verzerrt, dennoch ist eine Tendenz gut erkennbar.

Abbildung 2.2 Durchschnittliche Wahlbeteiligung im Falle von Erwerbslosigkeit (ohne Job) und Erwerbstätigkeit (mit Job) bei der Europawahl 2014

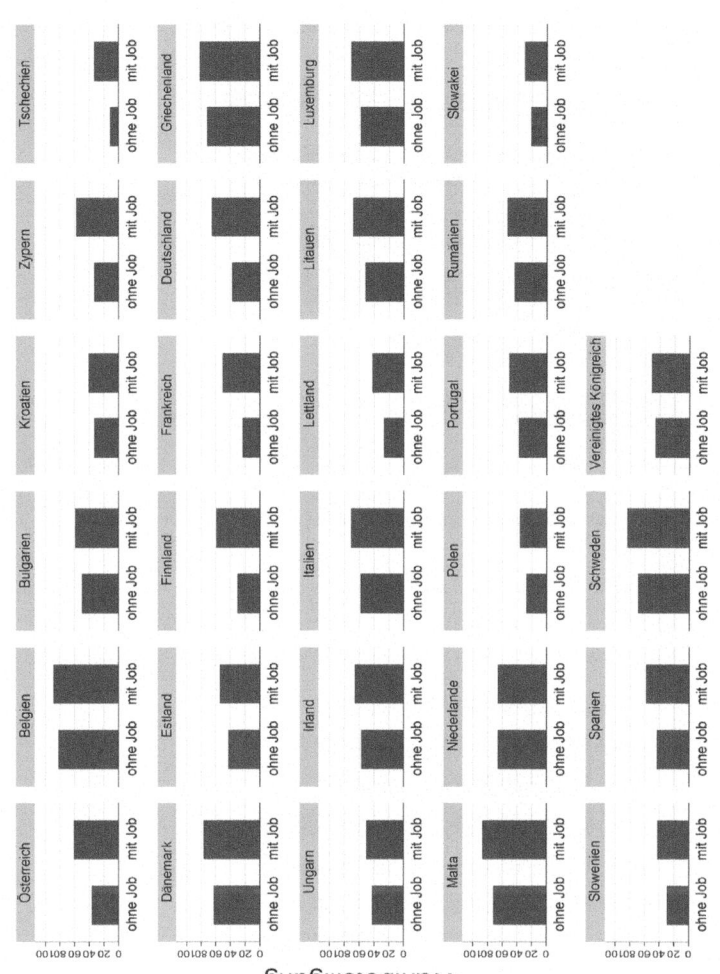

Quelle: Eigene Berechnungen und Darstellung anhand der European Election Studies (ZA5160; (2015))

Abbildung 2.3   Wahlbeteiligung nach Anteil erwerbloser Freunde

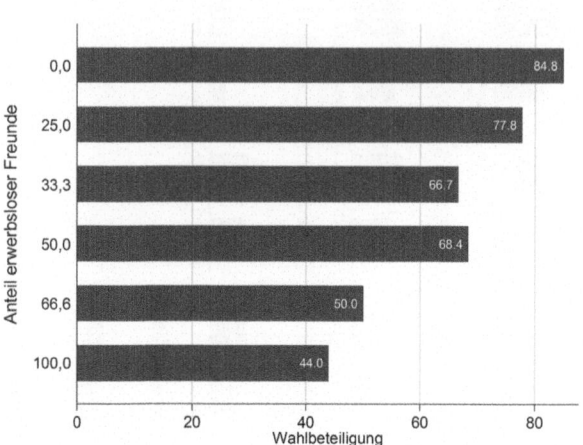

Quelle: Eigene Berechnungen und Darstellung anhand des ALLBUS (ZA4580; (2014)); n = 2 450

Abbildung 2.4   Wahlbeteiligung in verschiedenen Nettohaushalts-Einkommensgruppen

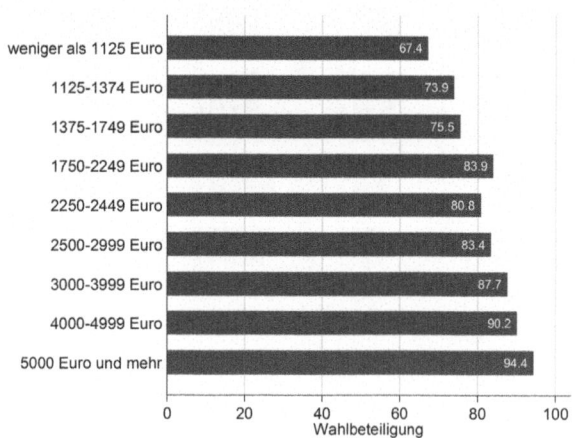

Quelle: Eigene Berechnungen und Darstellung anhand des ALLBUS (ZA4580; (2014)); n = 5 324

Der Zusammenhang zwischen Einkommen und Wahlbeteiligung

Ebenso lässt sich der Zusammenhang zwischen Einkommen und Wahlbeteiligung in Deutschland gut nachvollziehen. Personen mit einem Nettohaushaltseinkommen von monatlich über 5 000 Euro haben für die Bundestagswahl 2009 fast vollständig angegeben, zur Wahl gegangen zu sein (siehe Abbildung 2.4). Personen mit geringerem Haushaltseinkommen wählen kontinuierlich weniger, sodass die einkommensschwächste Gruppe nur noch zu etwa zwei Dritteln angab, bei der Wahl gewesen zu sein.

Zusammenhang zwischen Wahlbeteiligung und Bildungsstand

Bereits die Analysen der Bertelsmann-Stiftung zeigten, dass sich die Effekte nicht nur bezüglich ganzer Länder nachweisen lassen, sondern auch sehr kleinräumig in verschiedenen Städten. Insgesamt hat die kommunale oder subnationale Ebene allerdings noch wenig wissenschaftliche Aufmerksamkeit erhalten. Betrachtet man aber die unterschiedlichen Bundesländer getrennt voneinander, so kann der Zusammenhang von beispielsweise Bildung und Wahlbeteiligung auch auf dieser Ebene nachgewiesen werden (siehe Abbildung 2.5).

Dabei ist der Unterschied zwischen den verschiedenen Bildungsniveaus in den neuen Bundesländern häufig deutlicher zu sehen, als in den alten. Beinahe durchgehend liegt jedoch die Wahlbeteiligung von höher Gebildeten über der von niedriger Gebildeten.[4]

Die soziale Schieflage in Nordrhein-Westfalen

Betrachtet man Nordrhein-Westfalen genauer, so lassen sich neben den bereits angeführten Unterschieden bezüglich des Bildungsniveaus noch weitere Schieflagen feststellen. Aus Abbildung 2.6 lässt sich erkennen, dass der bereits für Deutschland gezeigte Zusammenhang zwischen dem Nettohaushaltseinkommen und der Wahlbeteiligung auch für NRW zutrifft. Bis auf einzelne Ausreißer steigt die Wahlbeteiligung mit steigendem Einkommen an.

Ergänzend weist die Bertelsmann-Stiftung die verschiedenen zuvor diskutierten Effekte auch auf kommunaler Ebene in NRW nach: In Gelsenkirchen wirkt die Tatsache, dass in dem Viertel mit der niedrigsten Wahlbeteiligung anderthalbmal so viele Arbeitslose wohnen wie im Viertel mit der höchsten Beteiligung, noch relativ harmlos (vgl. Bertelsmann Stiftung 2013b, S. 92 ff.).[5] Für Düsseldorf (sie-

---

4 Die Bundesländer Bremen, Hamburg und Saarland wurden aus der Grafik ausgeschlossen, da für diese Länder nur sehr wenige Beobachtungen vorlagen.

5 Allerdings liegt der vergleichsweise niedrige (aber bereits erhebliche) Unterschied daran, dass für Gelsenkirchen nur die Daten für die fünf Stadtbezirke vorlagen. Deshalb wurden vermutlich relativ heterogene Stadtareale in einem Viertel zusammengefasst. Doch bereits auf dieser recht groben Ebene sind klare Unterschiede zu erkennen.

Abbildung 2.5 Wahlbeteiligung nach Bundesland und Bildungsstand

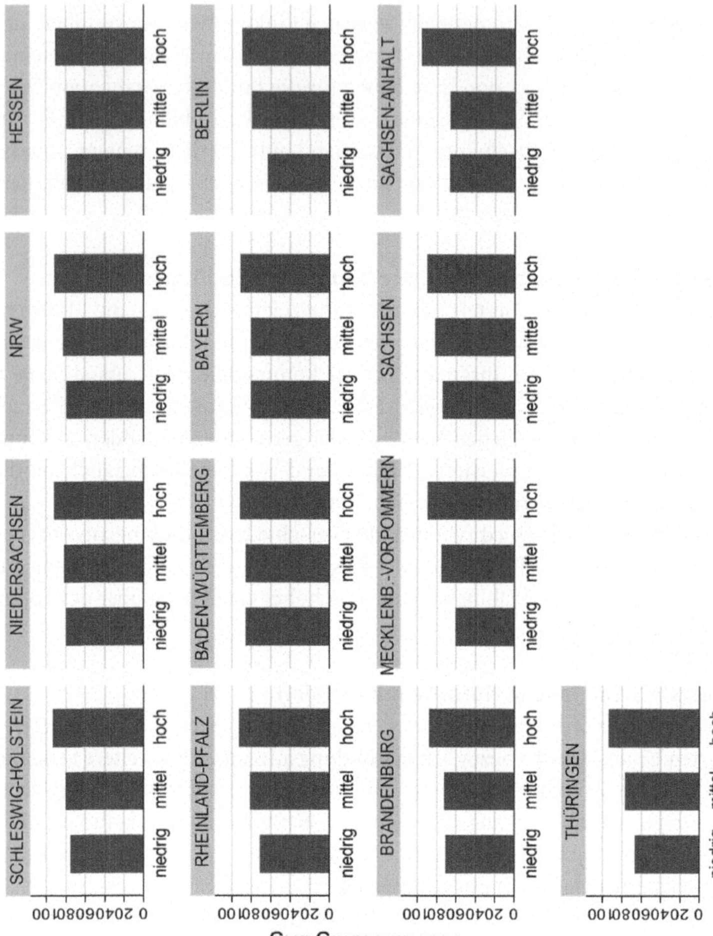

Quelle: Eigene Berechnungen und Darstellung anhand des ALLBUS (ZA4580; (2014)); n = 5 777

Abbildung 2.6   Wahlbeteiligung in verschiedenen Nettohaushalts-Einkommensgruppen
bei der Bundestagswahl 2009 in NRW

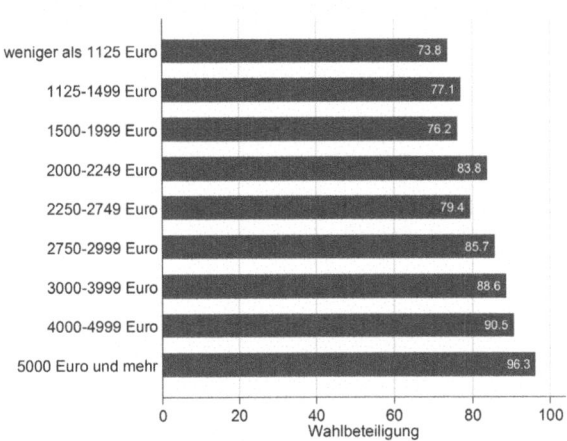

Quelle: Eigene Berechnungen und Darstellung anhand des ALLBUS (ZA4580; (2014)); n = 873

he auch Kapitel 3) stellt sich die Schieflage hingegen noch ausgeprägter dar[6]: Es
finden sich in den Stadtteilen mit der geringsten Wahlbeteiligung 42-mal so viele
Haushalte aus den ökonomisch schwächeren Milieus und es gibt doppelt so viele Menschen gänzlich ohne Schulabschluss (Bertelsmann Stiftung 2013b, S. 68 ff.).
   In Duisburg wurde für die Kommunalwahl 2004 eine telefonische Vorwahl-
studie durchgeführt, welche das Verhalten der Bürger bei Kommunalwahlen untersuchen sollte. Auch in dieser Studie bestätigten sich die bereits angeführten Ergebnisse. Besonders jüngere Bürger ohne Hochschulreife gaben häufiger an, dass
sie nicht beabsichtigten an der Kommunalwahl teilzunehmen (vgl. Schmitt-Beck
et al. 2008, S. 570). Neben den persönlichen Ressourcen spielten vor allem die be-
kannten Indikatoren, wie eine wahrgenommene Wahlnorm, politische Diskussionen im sozialen Umfeld und die Teilnahme an vorherigen Wahlen eine signifikante Rolle und erhöhten die Wahrscheinlichkeit an der Wahl teilnehmen zu wollen
(vgl. Schmitt-Beck et al. 2008, S. 572 f.).
   Insgesamt stellt sich also auf verschiedenen Ebenen die soziale Schieflage als
zentrales Merkmal der niedrigen Wahlbeteiligung dar. Sowohl in Europa als auch
auf Bundes- und Landesebene unterscheidet sich die Sozialstruktur von Wählern
und Nichtwählern in zentralen Variablen grundlegend voneinander. Durch un-
terschiedliches Wahlverhalten verschiedener Kohorten, verschärft sich diese Pro-

---

6   Hier liegen deutlich mehr kleinräumige Daten vor.

blematik noch weiter. Im Folgenden sollen die Ergebnisse der Bertelsmann Stiftung (2013b) noch um die Städte Duisburg, Essen und Düsseldorf ergänzt werden, um die soziale Schieflage auch auf kommunaler Ebene in Nordrhein-Westfalen zu analysieren.

Fallstudien für Kommunen in NRW: Die soziale Schieflage der niedrigen Wahlbeteiligung in Duisburg, Essen und Düsseldorf

3

Wie in Kapitel 2 diskutiert, wohnen Wähler und Nichtwähler häufig in unterschiedlichen Stadtteilen und haben damit kaum Kontakt zueinander. „Diese Trennung vergrößert wahrscheinlich die Beteiligungsunterschiede bei Wahlen, da der Kontakt mit anderen Wählern die eigene Wahlbereitschaft erhöht – der Kontakt mit Nichtwählern jedoch das Gegenteil bewirkt" (Bertelsmann Stiftung 2013a, S. 27).

Das soziale Umfeld ist dabei häufig eng mit dem territorialen Umfeld verknüpft und beeinflusst in besonderer Weise die Wahrscheinlichkeit der Wahlteilnahme. Der Rückgang der Wahlbeteiligung geht damit auch immer mit einer Spreizung zwischen den Vierteln mit hoher und denen mit niedriger Wahlbeteiligung einher (vgl. Schäfer und Roßteutscher 2015, S. 105). Es bleiben also besonders dort Menschen der Wahl fern, wo ohnehin schon wenige wählen, während der Rückgang in Vierteln mit hoher Beteiligung schwächer ausfällt.

Um diese Theorie und die bisherigen Ergebnisse über die soziale Schieflage in der Wahlbeteiligung noch zu ergänzen, werden im folgenden Kapitel Ergebnisse von Analysen auf Stadtteilebene der Städte Duisburg, Essen und Düsseldorf vorgestellt. Angelehnt an die Studie *Prekäre Wahlen. Milieus und soziale Selektivität der Wahlbeteiligung bei der Bundestagswahl 2013* der Bertelsmann Stiftung (2013b) soll der Einfluss einiger soziostruktureller Variablen auf die Wahlbeteiligung im Stadtteil getestet werden. Ausgehend von der Theorie der verschiedenen Lebenswelten sollen die Indikatoren Arbeitslosenquote, Bildungsgrad, Einzelhandelskaufkraft und der Anteil der Mehrfamilienhäuser im Stadtteil in die Analyse einbezogen werden. Für Duisburg wird darüber hinaus eine ausführliche Regressionsdiagnostik präsentiert, welche durch die Identifizierung besonderer Stadtteile neben der reinen methodischen Notwendigkeit auch einen inhaltlichen Mehrwert für Forschung und praktische Politik bietet.

3.1   Hypothesen, Daten und Operationalisierung

Der Einfluss von Arbeitslosigkeit auf die Wahlbeteiligung auf Individualebene wurde für die gesamte Bundesrepublik bereits von Thorsten Faas (2010) analysiert und auch die Ergebnisse der Bertelsmann Stiftung (2013b) weisen für viele Städte einen starken Zusammenhang auf. Unsere erste Hypothese lautet daher:

H1: Je höher die Arbeitslosenquote im Stadtteil ist, desto niedriger fällt die Wahlbeteiligung aus.

Bildung ist in der Politikwissenschaft und Soziologie seit jeher einer der einflussreichsten Indikatoren bei der Erklärung sozialer Phänomene. Auch die politische Partizipation in Form von Wahlen hängt stark vom Bildungsstand der Person ab (Blais et al. 2004; Schäfer und Roßteutscher 2015; Tenn 2007). Dieser Zusammenhang müsste sich auch auf aggregierter Ebene bemerkbar machen.

H2: Je höher der Bildungsgrad im Stadtteil ist, desto höher fällt die Wahlbeteiligung aus.

Die überwiegende Bebauungsart gibt bereits einen äußerlich erkennbaren Hinweis auf die Sozialstruktur des Viertels. Während ein hoher Anteil freistehender Häuser eher von einer wohlhabenderen Gegend zeugt, sind in weniger gut situierten Vierteln meist Wohnblocks und Hochhäuser prägend für das Bebauungsbild (vgl. Schäfer und Roßteutscher 2015, S. 106). Der Indikator verdeutlicht die unterschiedlichen Lebenswelten in denen Wähler und Nichtwähler zuhause sind.

H3: Je höher der Anteil an Mehrfamilienhäusern im Stadtteil ist, desto geringer fällt die Wahlbeteiligung aus.

Sowohl theoretische als auch empirische Studien haben den Zusammenhang zwischen Einkommen und Wahlbeteiligung bereits analysiert (vgl. Blais et al. 2004, S. 233; Persson et al. 2013, S. 177; Solt 2010, S. 295). Meist sind es Besserverdienende, welche sich von der Politik mehrheitlich betroffen fühlen und deshalb auch Einfluss auf sie nehmen wollen. Auf aggregierter Ebene kann die durchschnittliche Kaufkraft stellvertretend für das Einkommen herangezogen werden.

H4: Je höher die durchschnittliche Kaufkraft im Stadtviertel ist, desto höher fällt die Wahlbeteiligung aus.

Alle Daten wurden über die Statistischen Ämter der drei Städte bezogen. Arbeitslosigkeit wird für den Duisburger Fall als Arbeitslosendichte operationalisiert. Pro
Stadtteil wurden diejenigen Personen gezählt, die arbeitslos nach Sozialgesetz-
buch II und III und zwischen 15 und 65 Jahre alt sind. Die Dichte beschreibt den
Anteil an Arbeitslosen pro 1000 Personen. Für Essen und Düsseldorf wird die Arbeitslosenquote verwendet, welche 18- bis 64-jährige Personen enthält, die nicht
mindestens 15 Stunden wöchentlich einer Beschäftigung nachgehen aber für eine
Arbeitsaufnahme zur Verfügung stehen. Sie müssen sich dabei bei der Arbeits-
agentur gemeldet haben.

Die Bildungsdaten der Stadt Duisburg stammen aus der Duisburger Bürger-
umfrage und wurden von der Stabsstelle für Wahlen, Europaangelegenheiten und
Informationslogistik zusätzlich aufbereitet. Als stellvertretend für den Bildungsgrad im Viertel wird hier der Anteil der Personen mit allgemeiner Hochschulreife
verwendet. Die Daten stellen gemittelte Werte der Jahre 2005–2009 dar und beruhen auf einer Fallzahl von N = 8 733. Ähnliche Daten konnten ohne erheblichen
Aufwand für die Städte Düsseldorf und Essen nicht erhoben werden.

Die überwiegende Bebauungsart wird als Anteil von Mehrfamilienhäusern
(statt Ein- und Zweifamilienhäuser) an der Gesamtzahl der Wohngebäude im
Stadtteil operationalisiert. Diese Daten sind jeweils jährlich verfügbar und konnten für Duisburg und Essen erhoben werden.

Die Daten für die Variable Kaufkraft liegen dank einer GFK-Sonderauswer-
tung lediglich für die Stadt Duisburg vor. Die Variable wird als durchschnittliche Einzelhandelskaufkraft pro Einwohner operationalisiert, welche den Teil der
Kaufkraft darstellt, die nach Abzug von Mieten, Hypothekenzinsen, Versicherun-
gen, Reisen oder Dienstleistungen noch für den Einzelhandel bleibt. Somit zeigt
sie das Nachfragepotential für den Einzelhandel an. Die Daten liegen nur für das
Jahr 2011 vor. Dadurch wird der Vergleich der Daten miteinander etwas ungenau,
da alle weiteren Daten aus den Jahren vor 2011 stammen. Es wird allerdings angenommen, dass sich die durchschnittliche Einzelhandelskaufkraft im Stadtteil innerhalb weniger Jahre nicht drastisch ändert.

Abschließend wurden Wahlbeteiligungsdaten zu Bundestags-, Landtags-, Eu-
ropa- sowie Kommunalwahlen in den Jahren 2009–2014 gesammelt. Die Duisburger Daten können nur die Wahlen in 2009 und 2010 analysieren, da aufgrund
einer Wahlbezirksreform die Stadtteilgrenzen ab 2011 nicht mehr deckungsgleich
mit den Wahlbezirksgrenzen sind. Eine Übersicht über einige Kennwerte der verwendeten Daten findet sich in Tabelle 3.1.

Tabelle 3.1 Statistische Kennwerte der Wahlbeteiligung pro Stadtteil und der verwendeten Daten für Duisburg, Essen und Düsseldorf

Duisburg	Einheit	Mittelwert	Minimum	Maximum
Kommunalwahl 2009	%	45,58	25,70	61,80
Bundestagswahl 2009	%	64,51	42,31	79,72
Europawahl 2009	%	33,31	18,42	48,51
Landtagswahl 2010	%	53,85	31,24	71,56
Arbeitslosigkeit 2009	‰	94,80	25,81	186,93
Arbeitslosigkeit 2010	‰	93,35	29,59	172,49
Anteil Mehrfamilienhäuser 2009	%	44,58	7,08	86,21
Anteil Mehrfamilienhäuser 2010	%	44,53	7,03	86,21
Einzelhandelskaufkraft pro Person	€	5 022,59	4 100	6 835
Anteil Personen mit Abitur	%	15,27	4,60	35,40
Essen	**Einheit**	**Mittelwert**	**Minimum**	**Maximum**
Kommunalwahl 2009	%	48,00	23,66	65,39
Bundestagswahl 2009	%	69,98	46,08	86,02
Europawahl 2009	%	38,71	31,23	66,01
Bundestagswahl 2013	%	71,79	54,14	86,09
Kommunalwahl 2014	%	46,30	27,88	64,07
Europawahl 2014	%	48,24	31,23	66,01
Arbeitslosigkeit 2009	%	8,65	2,70	17,80
Arbeitslosigkeit 2013	%	8,79	2,30	17,70
Anteil Mehrfamilienhäuser 2009	%	48,36	12,50	93,01
Anteil Mehrfamilienhäuser 2013	%	48,09	12,45	92,92
Anteil Mehrfamilienhäuser 2014	%	47,93	12,45	92,92
Düsseldorf	**Einheit**	**Mittelwert**	**Minimum**	**Maximum**
Europawahl 2014	%	45,58	25,70	61,80
Arbeitslosigkeit 2014	%	5,40	1,70	11,90

Quelle: Eigene Berechnung mit Daten der statistischen Ämter in Düsseldorf, Duisburg und Essen

3.2   Ergebnisse für Duisburg

In Duisburg wurden zur Bundestagswahl 2009 insgesamt 64,8 Prozent Wahlbeteiligung erreicht.[7] Damit lag die Wahlbeteiligung etwa sechs Prozentpunkte niedriger als der bundesdeutsche Schnitt (70,78). Im Vergleich zur vorherigen Bundestagswahl fiel die Wahlbeteiligung 2009 nochmals um fast 10 Prozentpunkte (vgl. Wahlstatistik der Stadt Duisburg 2015). Besonders gut schnitten dabei die Stadtteile Rahm (79,72 Prozent) und Baerl (79,43 Prozent) ab. Am unteren Ende stand der Stadtteil Bruckhausen mit nur 42,31 Prozent, der damit nochmal ca. 8 Prozentpunkte hinter den Stadtteilen Hochfeld und Marxloh lag. Bruckhausen bildet auch bei allen weiteren betrachteten Wahlen das Schlusslicht bezüglich der Wahlbeteiligung. Bei der Europawahl 2009 lag die Wahlbeteiligung gar unter 20 Prozent (vgl. Wahlstatistik der Stadt Duisburg 2015).

Abbildung 3.1 zeigt zudem, dass die Wahlbeteiligung bei allen Wahlen seit 1990 beinahe kontinuierlich gesunken ist oder allenfalls stagniert. Steigt die Wahlbeteiligung wie beispielsweise bei der Landtagswahl 2005, liegt das meist an parallel oder zeitnah stattfindenden weiteren Wahlen. Der Anstieg der Wahlbeteiligung bei den Europawahlen 2014 könnte neben der parallel stattfindenden Kommunalwahl auch ein Hinweis auf die Wirkung der neu eingeführten Spitzenkandidaten auf europäische Ebene sein, da diese vor allem in ihren Heimatländern bzw. -regionen Zugewinne verzeichnen konnten. Vor allem ein „Schulz-Effekt" (Kaeding und Switek 2015, S. 22) könnte demnach im sozialdemokratisch geprägten Duisburg sicherlich auch eine Rolle gespielt haben.

Die Abbildungen 3.2 und 3.3 zeigen die soziale Schieflage der niedrigen Wahlbeteiligung in Duisburg bei der Bundestagswahl und Europawahl 2009. Es fällt auf, dass alle Variablen die Wahlbeteiligung gut erklären, denn in allen acht Graphen liegen die Punkte sehr dicht an der Regressionsgeraden. Augenscheinlich ist der Zusammenhang zwischen Arbeitslosigkeit und Wahlbeteiligung am stärksten. Es fällt weiterhin auf, dass die Zusammenhänge bei der Bundestagswahl und bei der Europawahl nahezu identisch verlaufen. Jedes Geradenpaar verläuft in etwa gleich steil und in dieselbe Richtung, sie unterscheiden sich lediglich im Niveau. Wie erkennbar ist, hat die Europawahl eine deutlich niedrigere Wahlbeteiligung, der Einfluss der einzelnen Variablen bleibt aber stabil.

Testet man alle Variablen einzeln in bivariaten Regressionen so haben alle einen höchst signifikanten Einfluss auf die Wahlbeteiligung der einzelnen Stadtteile. Für die Bundestagswahl hat, wie schon aus dem Graphen in Abbildung 3.2 ersicht-

---

7   Die Wahlbeteiligung fällt hier geringfügig anders aus als der Mittelwert in Tabelle 3.1. Das liegt daran, dass in Tabelle 3.1 der Mittelwert aus den 46 Stadtteilen berichtet wird und nicht jeder einzelne wahlberechtigte Bürger mit in diese Berechnung eingeht.

Abbildung 3.1   Wahlbeteiligung in Duisburg bei Bundestagswahlen, Landtagswahlen,
Kommunalwahlen und Europawahlen 1990–2014

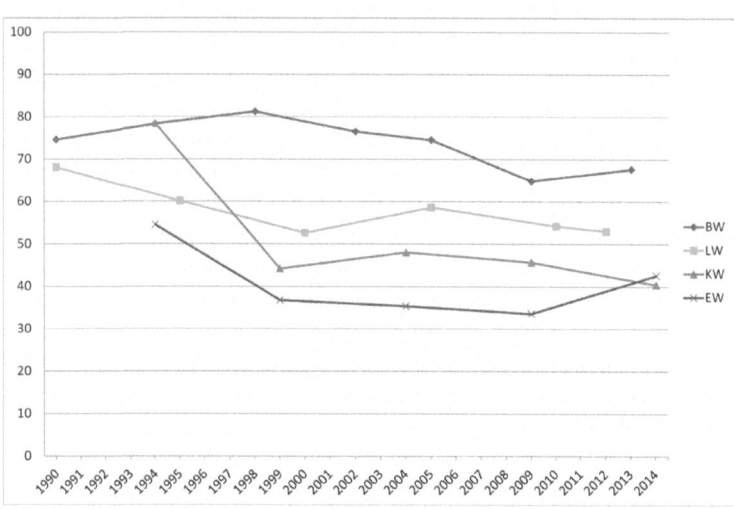

Quelle: Eigene Darstellung mit Daten der Wahlstatistik der Stadt Duisburg (2015)

lich, die Arbeitslosigkeit die höchste Erklärungskraft mit einem R^2 von 0,87. Den
stärksten Einfluss übt der Bildungsgrad aus. Erhöht sich der Anteil der Abiturienten im Stadtteil um einen Prozentpunkt, liegt auch die Wahlbeteiligung 0,76 Prozentpunkte höher. Die Zahlen ähneln sich jeweils zwischen den einzelnen Wahlen, weshalb lediglich Bundestagswahl und Europawahl exemplarisch aufgeführt
werden.

Wie bereits festgestellt, scheinen die Stärken der Zusammenhänge über die
Wahlen hinweg relativ konstant zu bleiben. Dies wird anhand des Zusammen-
hangs von Wahlbeteiligungsquoten verschiedener Wahlen mit der unabhängigen
Variablen Arbeitslosendichte noch verdeutlicht (Abbildung 3.4). Alle vier Regressionsgeraden verlaufen beinahe parallel zueinander auf verschiedenen Niveaus.
Die soziale Schieflage bzgl. der Arbeitslosigkeit ist bei allen Wahlen in etwa gleich
stark ausgeprägt, lediglich das Niveau der Wahlbeteiligung unterscheidet sich
zwischen den Wahlen. Während die Bundestagswahl noch Beteiligungsquoten
von durchschnittlich 60 Prozent erreicht, bestätigen die Zahlen für die Kommunalwahl und Europawahl 2009 den Nebenwahlcharakter dieser Wahlen (vgl. Reif
und Schmitt 1980, S. 8 f.).

Abbildung 3.2   Bivariate Zusammenhänge zwischen der Wahlbeteiligung
bei der Bundestagswahl 2009 in Duisburg und den unabhängigen Variablen

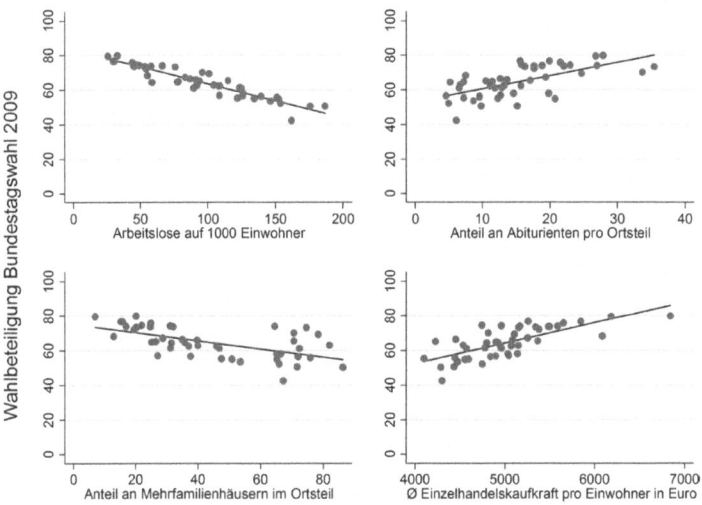

Quelle: Eigene Darstellung mit Daten der Stadt Duisburg (2015)

Abbildung 3.3   Bivariate Zusammenhänge zwischen der Wahlbeteiligung
bei der Europawahl 2009 in Duisburg und den unabhängigen Variablen

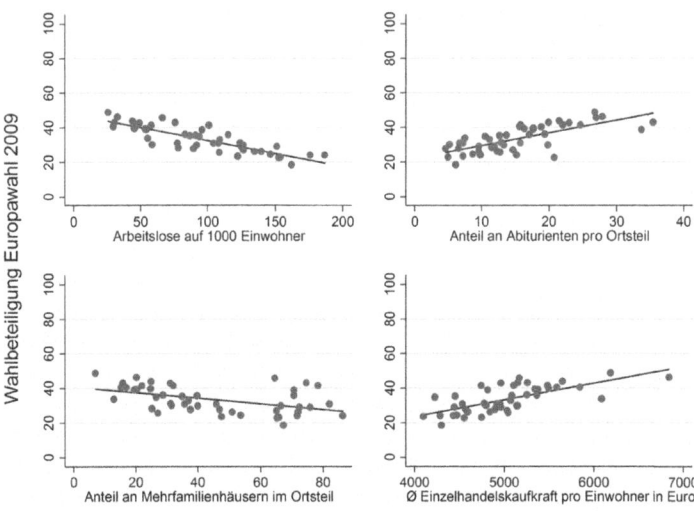

Quelle: Eigene Darstellung mit Daten der Stadt Duisburg (2015)

Abbildung 3.4   Scatterplots von Arbeitslosigkeit und Wahlbeteiligung bei verschiedenen Wahlen in Duisburg

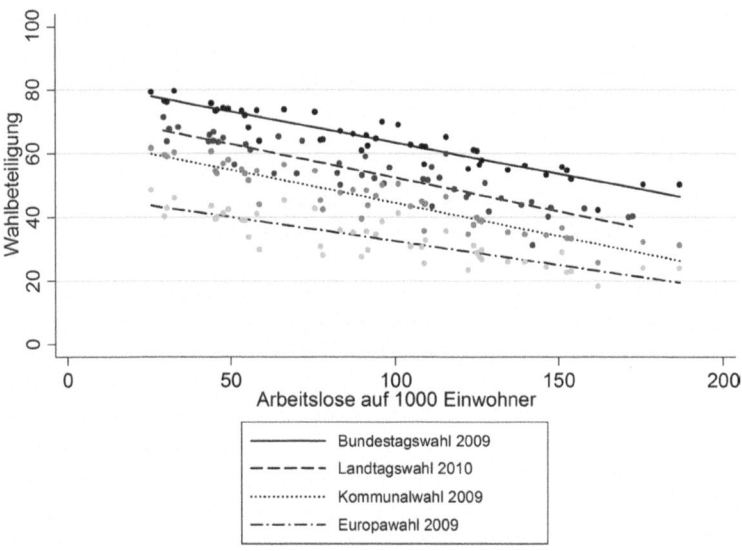

Quelle: Eigene Darstellung mit Daten der Stadt Duisburg (2015)

Betrachtet man die bivariaten Ergebnisse, so können scheinbar alle vier Hypothesen angenommen werden. Für Duisburg gilt nach der bisherigen Analyse:

Je höher die Arbeitslosigkeit, je geringer die Kaufkraft, je geringer die Bildung und je höher der Anteil an Mehrfamilienhäusern im Stadtviertel ist, desto niedriger fällt die Wahlbeteiligung aus.

Diese Zusammenhänge gelten für alle Wahlen in etwa in der gleichen Stärke. Allerdings haben auch die Variablen untereinander natürlich einen Einfluss aufeinander. Wie in Tabelle 3.2 zu sehen, hängen beispielsweise die Arbeitslosenquote und die Bildung mittelmäßig stark zusammen. Noch stärker ist die Korrelation zwischen der Einzelhandelskaufkraft und Arbeitslosigkeit und dem Anteil an Mehrfamilienhäusern im Stadtviertel. Die schwächste Korrelation weisen Bildung (Anteil an Personen mit Abitur) und der Anteil an Mehrfamilienhäusern auf.

     Aus diesem Grund werden in den Sozialwissenschaften häufig Regressionen mit mehreren unabhängigen Variablen genutzt, da somit der Einfluss der unabhängigen Variablen untereinander kontrolliert wird. Der Regressionskoeffizient berichtet dann den Einfluss einer unabhängigen Variable auf die abhängige, unter

Tabelle 3.2   Korrelationen zwischen den unabhängigen Variablen

	Arbeitslosigkeit	Mehrfamilienhäuser	Kaufkraft	Bildung
Arbeitslosigkeit	1			
Mehrfamilienhäuser	0.766	1		
Kaufkraft	−0.707	−0.541	1	
Bildung	−0.431	−0.0314	0.487	1

Quelle: Eigene Berechnung mit Daten der Stadt Duisburg (2015)

Tabelle 3.3   Lineare Regressionsmodelle zur Erklärung der Wahlbeteiligung bei der Bundestagswahl 2009

Wahlbeteiligung Bundestagswahl 2009	Modell 1	Modell 2	Modell 3
Arbeitslosigkeit	−0,177***	−0,156***	−0,164***
	(0,0145)	(0,0110)	(0,0082)
Anteil an Mehrfamilienhäusern	0,0486**		
	(0,0229)		
Einzelhandelskaufkraft	0,00134	0,00098	
	(0,0009)	(0,0009)	
Bildung	0,272***	0,338***	0,348***
	(0,0544)	(0,0466)	(0,0457)
Konstante	68,32***	69,30***	74,80***
	(5,296)	(5,491)	(1,328)
Beobachtungen	46	46	46
R^2	0,953	0,948	0,947

Standardfehler in Klammern
*** $p < 0{,}01$; ** $p < 0{,}05$; * $p < 0{,}1$
Quelle: Eigene Berechnung mit Daten der Stadt Duisburg (2015)

Konstanthaltung aller weiteren Prädiktoren. Ein erstes Modell für die Bundestagswahl 2009 mit allen vier Prädiktoren ist in Tabelle 3.3 als Modell 1 aufgeführt. Dabei wurden die Ergebnisse bereits durch die Einwohnerzahl im jeweiligen Stadtviertel gewichtet, so dass Viertel mit einer höheren Anzahl an Einwohnern und
Wahlberechtigten auch ein größeres Gewicht in der Regression haben (siehe Tabelle 3.3).

Arbeitslosigkeit und Bildung haben im Modell 1 einen höchst signifikanten
Einfluss auf die Wahlbeteiligung im Stadtteil, während der Anteil an Mehrfamilienhäusern noch einen hoch signifikanten Einfluss ausübt. Die Einzelhandelskaufkraft wird unter Kontrolle der anderen unabhängigen Variablen nicht mehr
signifikant. Arbeitslosigkeit, Bildung und der Anteil an Mehrfamilienhäusern haben demnach schon so starken Einfluss auf die Wahlbeteiligung, dass die Einzelhandelskaufkraft nicht mehr ins Gewicht fällt, obwohl sie im bivariaten Vergleich
einen höchst signifikanten Einfluss aufwies.

Das Modell mit allen vier unabhängigen Variablen ist allerdings noch etwas
ungenau spezifiziert. Aus diesem Grund werden die zwei Variablen Einzelhandelskaufkraft und der Anteil an Mehrfamilienhäusern aus dem Modell herausgenommen[8]. Der Vollständigkeit halber wird in Modell 2 trotzdem noch einmal die
Einzelhandelskaufkraft ohne die Kontrolle der Bebauungsart berichtet. Dies ändert allerdings nichts am Ergebnis, da die Einzelhandelskaufkraft keinen signifikanten Einfluss ausübt. Modell 3 stellt das abschließend spezifizierte Modell dar.
Die Variablen Arbeitslosigkeit und Bildung stellen weiterhin höchst signifikante
Einflussfaktoren dar und sind auf Stadtteilebene entscheidende Erklärungsfaktoren für die unterschiedliche Wahlbeteiligung zwischen den Stadtteilen. In Duisburg erklären Arbeitslosigkeit und Bildung zusammen beinahe 95 Prozent der gesamten Varianz in der Wahlbeteiligung[9].

Steigt der Anteil an Abiturienten im Stadtteil um einen Prozentpunkt, so liegt
im Durchschnitt auch die Wahlbeteiligung um 0,35 Prozentpunkte höher. Steigt
der Anteil der Arbeitslosen um eine Person, verringert sich die Wahlbeteiligung
um 0,16 Prozentpunkte. Zwar erscheint die Veränderung in der Wahlbeteiligung
relativ gering, führt man sich aber die Spannweite der unabhängigen Variablen
vor Augen, summieren sich diese Werte zu einem massiven Unterschied in der
Wahlbeteiligung. Ein Stadtteil, der sowohl den niedrigsten Anteil an Abiturienten
als auch die höchste in Duisburg vorkommende Arbeitslosenquote aufweist, wäre

---

8   Die genaue Beschreibung dieser Gründe erfolgt in Kapitel 3.5.
9   Hierbei muss allerdings angemerkt werden, dass es sich um Aggregatdaten handelt. Wür-
     de man die Analyse mit ähnlichen Individualdaten durchführen, ließen sich Werte nahe der
     vollständigen Varianzerklärung kaum erreichen. Dennoch stellt dieser Wert für sozialwis-
     senschaftliche Daten eine außerordentliche Erklärungskraft dar.

Tabelle 3.4 Lineare Regressionsmodelle zur Erklärung der Wahlbeteiligung
bei der Europawahl 2009

Wahlbeteiligung Europawahl 2009	Modell 1	Modell 2	Modell 3
Arbeitslosigkeit	−0,124***	−0,105***	−0,111***
	(0,0185)	(0,0136)	(0,0101)
Anteil an Mehrfamilienhäusern	0,0447		
	(0,0293)		
Einzelhandelskaufkraft	0,00113	0,000794	
	(0,00118)	(0,00118)	
Bildung	0,393***	0,453***	0,461***
	(0,0694)	(0,0581)	(0,0565)
Konstante	31,49***	32,39***	36,85***
	(6,757)	(6,837)	(1,642)
Beobachtungen	46	46	46
R^2	0,895	0,889	0,888

Standardfehler in Klammern
*** p < 0.01, ** p < 0.05, * p < 0.1
Quelle: Eigene Berechnung mit Daten der Stadt Duisburg (2015)

nach dem Modell auf eine Wahlbeteiligung von 45,8 Prozent bei der Bundestagswahl gekommen. Ein Stadtteil, der auf diesen Variablen die besten Werte aufweist, käme hingegen auf 82,9 Prozent – ein Unterschied von fast 40 Prozent. Ein bezüglich der Bildung und der Arbeitslosigkeit durchschnittlich aufgestellter Stadtteil erreicht eine Wahlbeteiligung von etwa 64,6 Prozent.

Rechnet man die Modelle mit den Ergebnissen der Europawahl 2009, so ergeben sich sehr ähnliche Ergebnisse. Allerdings hat hier die überwiegende Bebauungsart schon im ungenau spezifizierten ersten Modell keinen signifikanten Einfluss. Es bleiben wiederum die Erklärungsfaktoren Arbeitslosigkeit und Bildung, die bei der Europawahl 2009 knapp 89 Prozent der Varianz erklären können. Der Wert ist somit etwas niedriger als bei der Bundestagswahl 2009, im sozialwissenschaftlichen Kontext aber weiterhin erstaunlich hoch. Pro zusätzlicher Person ohne festes Beschäftigungsverhältnis unter 1 000 Personen, sinkt die Wahlbeteiligung um 0,11 Prozentpunkte. Steigt der Anteil der Personen mit allgemeiner Hochschulreife im Viertel, steigt im Durchschnitt auch die Wahlbeteiligung um 0,46 Prozentpunkte (Tabelle 3.4).

Tabelle 3.5   Übersicht über die Wahlbeteiligung im besten, schlechtesten
und durchschnittlichen Fall

Wahlbeteiligung im ...	Bundestags-wahl 2009	Europawahl 2009	Kommunalwahl 2009	Landtagswahl 2010
durchschnittlichen Fall	64,59	33,39	45,64	53,97
schlechtesten Fall	45,80	18,27	25,58	35,96
besten Fall	82,88	50,30	65,19	73,12

Quelle: Eigene Berechnung mit Daten der Stadt Duisburg (2015); Interpretiert werden die Regressions-
konstanten mit unterschiedlichen Zentrierungen der Prädiktoren

Der Unterschied zwischen einem strukturell besonders stark aufgestellten Stadtteil
und einem besonders schwach aufgestellten Stadtteil beträgt selbst auf dem nied-
rigeren Niveau der Europawahl 2009 somit über 30 Prozentpunkte. Ein besonders
gut aufgestellter Stadtteil erreicht bei der Europawahl knapp über 50 Prozent, während in einem besonders schwachen Stadtteil nicht einmal ein Fünftel der Wahlberechtigten den Weg zum Wahllokal findet, also mehr als 80 Prozent nicht an der
Wahl teilnehmen (Tabelle 3.5). Dass diese Ergebnisse relativ nah an Werten liegen,
die auch reale Stadtteile erreichen, zeigt, wie real und außergewöhnlich stark dieser Zusammenhang im politischen Leben in Deutschland ausgeprägt ist.

Da die beiden Regressionskoeffizenten auf unterschiedlichen Wertebereichen
der zwei unabhängigen Variablen beruhen, werden die Effektstärken der beiden
Variablen durch den standardisierten Beta-Koeffizienten gemessen (vgl. Urban
und Mayerl 2008, S. 71 f.).

Für Duisburg gilt folglich: Bei der Bundestagswahl 2009 war die Effektstärke der Arbeitslosigkeit mehr als doppelt so groß, wie die der Bildung (siehe Tabelle 1 im Anhang). Eine höhere Arbeitslosenquote zog die Wahlbeteiligung also
viel mehr nach unten, als dies ein geringerer Anteil an Abiturienten im Stadtteil
tat. Für die Europawahl 2009 fiel der Unterschied zwischen den beiden Variablen
kleiner aus (siehe Tabelle 1 im Anhang), aber auch hier ist der Effekt der Arbeitslosigkeit größer.

3.3   Ergebnisse für Essen

Auch in Essen gibt es deutliche Unterschiede in der Wahlbeteiligung. Bei der Bundestagswahl 2013 schnitten insgesamt sieben von 50 Stadtteilen schlechter als

60 Prozent ab. Hohe Beteiligungsquoten erzielten Bredeney, Fischlaken und Heisingen mit etwa 85 Prozent. Vergleicht man gut abschneidende Stadtteile über verschiedene Wahlen hinweg, so fällt auf, dass Stadtteile meist traditionell gut oder schlecht abschneiden. Unter den zehn stärksten Stadtteilen bei der Europawahl 2014 finden sich 8 Stadtteile, die auch bei der Bundestagswahl 2013 eine besonders hohe Wahlbeteiligung verzeichneten (Stadt Essen 2015).[10]

Auch die Arbeitslosigkeit unterscheidet sich zwischen den Stadtteilen zum Teil stark. Der Stadtteil Haarzopf hat beispielsweise nur 2,3 Prozent Arbeitslosigkeit, in Altendorf hingegen haben mit 17,7 Prozent mehr als ein Sechstel der Bewohner keine regelmäßige Beschäftigung. 2013 haben sieben der 50 Stadtteile in Essen mit einer Arbeitslosenquote von über 15 Prozent zu kämpfen. So wie sich die Viertel bzgl. ihrer Sozialstruktur unterscheiden, so ist auch das Stadtbild höchst unterschiedlich. Während Schuir und Byfang über 80 Prozent aus Ein- oder Zweifamilienhäusern bestehen, liegt der Anteil an Mehrfamilienhäusern im Süd- und Südostviertel bei über 90 Prozent. Bildungs- sowie Kaufkraftdaten lagen für Essen leider nicht vor.

Betrachtet man die bivariaten Zusammenhänge der beiden unabhängigen Variablen mit der Wahlbeteiligung in Abbildung 3.5, ergibt sich ein ähnliches Bild wie in Duisburg. Die Arbeitslosigkeit scheint deutlich stärkeren Einfluss auf die Wahlbeteiligung zu nehmen, als die Bebauungsart im Viertel, da die Geraden deutlich flacher verlaufen und die einzelnen Punkte viel mehr um die Gerade herum streuen. Die Stärken der Zusammenhänge, also die Steigung der Regressionsgeraden, sind über die Wahlen hinweg in etwa konstant. Auch hier erkennt man deutlich den Unterschied zwischen der Bundestagswahl als Hauptwahl und den anderen Wahlen als Nebenwahl.

Äquivalent zu Duisburg lässt sich ebenfalls ein Niveauanstieg in der Wahlbeteiligung zwischen den Europawahlen 2009 und 2014 erkennen. Da die Europawahl 2014 am gleichen Tag wie die Kommunalwahl 2014 abgehalten wurde, konnten beide Wahlen voneinander profitieren. Zwar scheint sich die Wahlbeteiligung bei Europawahlen langsam zu stabilisieren, die Europawahl 2014 muss aber dennoch – auch aus Essener Perspektive – weiterhin klar als Nebenwahl eingestuft werden (vgl. Kaeding und Gath 2014, S. 8; Träger 2015).

Die multivariate Analyse für Essener Wahlen seit 2009 zeigt bezüglich der Arbeitslosigkeit ein einheitliches Bild.[11] Alle Koeffizienten werden höchst signifikant und bewegen sich darüber hinaus immer auf etwa demselben Level (siehe Ta-

---

10   Altendorf, Altenessen-Süd, Bergeborbeck, Katernberg, Nordviertel, Ostviertel, Vogelheim und das Westviertel.

11   Für die Wahlen in 2014 wurde die Arbeitslosenquote von 2013 als unabhängige Variable gewählt, da Daten zu 2014 noch nicht vorliegen.

Abbildung 3.5 Scatterplots von Wahlbeteiligung bei verschiedenen Wahlen in Essen und den unabhängigen Variablen

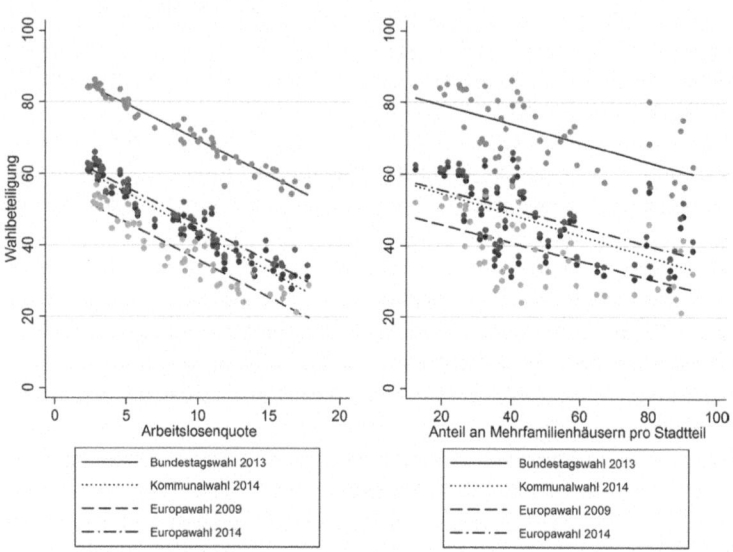

Quelle: Eigene Berechnung mit Daten der Stadt Essen (2015)

belle 3.6). Mit jedem Prozentpunkt den die Arbeitslosigkeit im Stadtteil ansteigt, sinkt die Wahlbeteiligung um 2 bis 2,4 Prozentpunkte. Der Einfluss der Arbeitslosigkeit scheint allerdings leicht rückgängig zu sein, da die Wahlen in 2009 allesamt einen minimal höheren Wert aufweisen als ihre Nachfolgerwahlen in 2013 und 2014. Berechnet man allerdings die auf den Standardfehlern beruhenden 95-Prozent-Konfidenzintervalle, so kann dieser Unterschied aber auch völlig zufällig zustande gekommen sein.

Die Ergebnisse zur überwiegenden Bebauungsart fallen dagegen gemischt aus. Sowohl bei der Bundestagswahl als auch bei der Europawahl 2009 ergibt sich unter Kontrolle der Arbeitslosigkeit ein höchst signifikanter Zusammenhang. Der Koeffizient der im gleichen Jahr stattfindenden Kommunalwahl wird allerdings nicht signifikant. Ein genauso gemischtes Bild ergibt sich vier bis fünf Jahre später, wo wiederum lediglich die Koeffizienten der Bundestagswahl 2013 und der Europawahl 2014 signifikant werden. Darüber hinaus wären auch die Auswirkungen auf die Wahlbeteiligung relativ gering. So ändert sich bspw. bei der Bundestagswahl 2013 die Wahlbeteiligung nur um 0,02 Prozent, wenn sich der Anteil der Mehrfamilienhäuser um einen Prozent erhöht. Eine Quote von vier signifikanten

Tabelle 3.6 Regressionsmodelle zur Wahlbeteiligung bei verschiedenen Wahlen in Essen

Wahlbeteiligung bei...	KW 2009	BW 2009	EW 2009	BW 2013	KW 2014	EW 2014
Arbeitslosigkeit	−2,388***	−2,293***	−2,306***	−1,989***	−2,086***	−2,051***
	(0,0999)	(0,0768)	(0,125)	(0,0601)	(0,0960)	(0,102)
Anteil an Mehrfamilienhäusern	0,00747	0,0608***	0,0801***	0,0212*	0,021	0,0441*
	(0,0184)	(0,0141)	(0,0230)	(0,0126)	(0,0208)	(0,0220)
Konstante (mittelwertzentriert)	47,97***	69,99***	38,34***	72,02***	46,31***	48,17***
	(0,338)	(0,260)	(0,422)	(0,245)	(0,406)	(0,431)
Beobachtungen	50	50	50	50	50	50
R^2	0,944	0,959	0,895	0,966	0,928	0,913

Standardfehler in Klammern
*** $p < 0,01$, ** $p < 0,05$, * $p < 0,1$
Quelle: Eigene Berechnung mit Daten der Stadt Essen (2015)

Ergebnissen aus sechs Modellen, überzeugt jedenfalls nicht endgültig zur Annahme der Hypothese. Zumal auch in Duisburg die Bebauungsart keine signifikante Rolle spielte. Die Erklärungskraft aller Modelle muss trotzdem als extrem gut betrachtet werden. Durchschnittlich können die sechs Modelle 93,4 Prozent der Varianz erklären. Dabei fällt auf, dass die Modelle zur Wahlbeteiligung der Bundestagswahlen immer besonders hohe Werte verzeichnen. Zwar kann auch dies dem Zufall geschuldet sein, dennoch liegen die Werte der übrigen Wahlen – mit einer Ausnahme – unter dem Durchschnitt.

Die mittelwertzentrierte Konstante zeigt in diesem Beispiel an, welche Wahlbeteiligung ein vollkommen durchschnittlicher Stadtteil bei der jeweiligen Wahl gehabt hätte. Ein fiktiver Stadtteil der also eine für Essen durchschnittliche Arbeitslosigkeit und einen durchschnittlichen Anteil an Mehrfamilienhäusern aufweist, hätte bei der Europawahl 2014 eine Wahlbeteiligung von etwa 48 Prozent erreicht. Auch hier ist deutlich der Unterschied zwischen den Bundestagswahlen mit Werten um 70 Prozent und den Europawahlen und Kommunalwahlen erkennbar.

3.4   Ergebnisse für Düsseldorf

Düsseldorf soll an dieser Stelle nur sehr kurz beschrieben werden, da die Bertelsmann Stiftung ebenfalls eine ähnliche Analyse vorgenommen hat, die frei verfügbar in der Veröffentlichung *Prekäre Wahlen. Milieus und soziale Selektivität der Wahlbeteiligung bei der Bundestagswahl 2013* (Bertelsmann Stiftung 2013b) nachgelesen werden kann. Auch in dieser Studie lautet das Fazit, dass die Bundestagswahl 2013 in Düsseldorf „eine sozial prekäre Wahl" (Bertelsmann Stiftung 2013b, S. 68) war. Erweitert werden soll diese Analyse hier um den Aspekt der Europawahl 2014.

In Tabelle 3.7 sieht man bereits auf den ersten Blick, dass das Niveau der Wahlbeteiligung bei der Europawahl 2014 höher liegt als in Essen und Duisburg, was angesichts der besseren Düsseldorfer Sozialstruktur bereits ein erster weiterer Beleg der sozialen Schieflage ist. Während in Düsseldorf im schlechtesten Fall noch über ein Drittel der Wahlberechtigten wählen geht, sind es in Essen nur noch knapp über 30 Prozent und in Duisburg sogar unter 25 Prozent. Die Differenz zwischen den höchsten in einem Stadtteil erreichten Wahlbeteiligungen liegt zwischen Düsseldorf und Duisburg bei fast 15 Prozentpunkten. Der Abstand zwischen dem Stadtteil mit der jeweils höchsten und niedrigsten Wahlbeteiligung ähnelt sich hingegen und liegt in allen Städten bei 16–17 Prozentpunkten.

Die durchschnittliche Arbeitslosenquote in Düsseldorf ist deutlich niedriger als in den beiden Ruhrgebietsstädten. Im Duisburger Stadtteil Marxloh liegt die

Tabelle 3.7 Übersicht über Wahlbeteiligungsquoten bei der Europawahl 2014

Düsseldorf	Durchschnitt	Minimum	Maximum
Wahlbeteiligung	53,8	37,6	70,1
Arbeitslosenquote	5,4	1,7	11,9
Essen			
Wahlbeteiligung	47,4	31,2	66,0
Arbeitslosenquote	8,8	2,3	17,7
Duisburg			
Wahlbeteiligung	42,6	24,9	56,0
Arbeitslosenquote	9,8	2,3	19,2

Quelle: Eigene Berechnung mit Daten der statistischen Ämter in Düsseldorf, Duisburg und Essen

Arbeitslosenquote[12] nochmal über 7 Prozentpunkte höher als im prekärsten Düsseldorfer Stadtteil (Garath). Während sich die durchschnittliche Arbeitslosenquote in Duisburg und Essen, mit nur einem Prozentpunkt Unterschied ähnelt, ist sie in Düsseldorf mit insgesamt nur 5,8 Prozent deutlich niedriger.

Betrachtet man den bivariaten Zusammenhang zwischen der Arbeitslosigkeit und der Wahlbeteiligung bei der Europawahl 2014, so bestätigt sich das Bild, das die Bertelsmann Stiftung (2013b) auch für die Bundestagswahl 2013 bereits gezeichnet hat. Auch hier hängt die Wahlbeteiligung stark mit der Arbeitslosenquote im Stadtteil zusammen. Je höher die Arbeitslosigkeit ist, desto weniger Menschen gehen wählen.[13] Dabei muss der Rückgang nicht zwangsläufig durch die Arbeitslosen selber kommen, sondern ein generell negatives Klima könnte auch erwerbstätige Bürger zur Nichtwahl verleiten. In Abbildung 3.6 ist außerdem zu sehen, dass Garath mit der höchsten Arbeitslosigkeit auch die geringste Wahlbeteiligung aufweist. Kalkum hat nicht die niedrigste Arbeitslosigkeit, liegt mit der höchsten Wahlbeteiligung von ca. 70 Prozent aber sehr weit oben links im Graphen. Ähnlich nur mit umgedrehten Variablen verhält es sich für den Stadtteil mit der geringsten Arbeitslosigkeit Hubbelrath.

---

12 Die beiden Quoten werden allerdings geringfügig unterschiedliche berechnet.
13 Der Zusammenhang ist auch statistisch höchst signifikant nachweisbar. Der Koeffizient beträgt −2,9 Prozent Rückgang der Wahlbeteiligung pro Prozentpunkt mehr Arbeitslosigkeit.

Abbildung 3.6   Scatterplot von Wahlbeteiligung bei der Europawahl 2014
und der Arbeitslosenquote in Düsseldorf

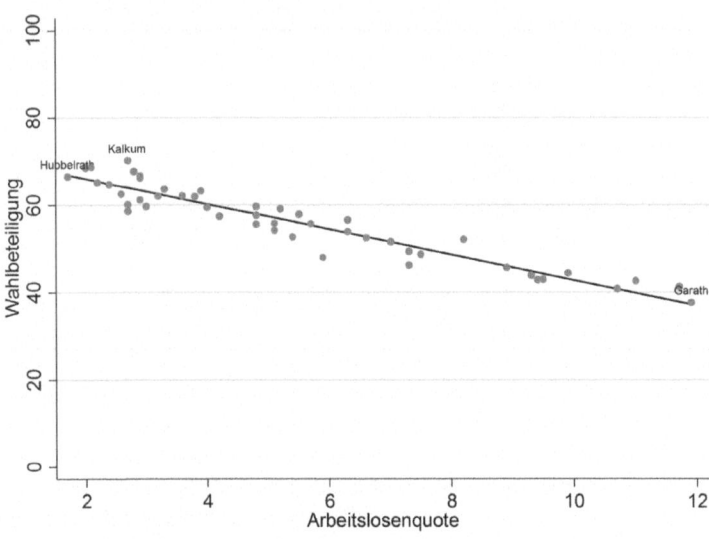

Quelle: Eigene Darstellung mit Daten der Stadt Düsseldorf (2015)

3.5   Exkurs: Regressionsdiagnostik für den Fall Duisburg

In vielen politikwissenschaftlichen oder soziologischen Artikeln wird mit Regressionsmodellen gearbeitet, um Hypothesen empirisch zu belegen. Ausführliche Beschreibungen der Daten und eine damit verbundene Überprüfung der Annahmen,
ob ein Regressionsmodell überhaupt durchgeführt werden darf, sieht man dagegen relativ selten. Die Gründe hierfür liegen auf der Hand: Erstens ist der Platz in
wissenschaftlichen Zeitschriften häufig sehr begrenzt, sodass die Autoren ihre Ergebnisse ohnehin sehr knapp präsentieren müssen. Ein ausführlicher Überblick
über bloße Voraussetzungen für die eigentlichen Ergebnisse, fällt demnach oft aus
oder wird durch einen kurzen Hinweis in einer Fußnote überspielt. Zweitens sind
auch komplexe statistische Modelle heute mit Hilfe moderner Software sehr einfach zu berechnen. Eine Diagnose der zugrunde liegenden Annahmen wird daher
oftmals schlicht vergessen, zumal dieser Punkt auch in der Lehre zwar theoretisch
vermittelt wird, aber zu selten auch die praktische Anwendung gefordert wird (vgl.
Kohler und Kreuter 2012, S. 270).

Zur Illustration soll deshalb an dieser Stelle eine vorwiegend grafische Regressionsdiagnostik durchgeführt werden, welche die grundlegenden Annahmen ei-

Tabelle 3.3 Lineare Regressionsmodelle zur Erklärung der Wahlbeteiligung bei der Bundestagswahl 2009

Wahlbeteiligung Bundestagswahl 2009	Modell 1	Modell 2	Modell 3
Arbeitslosigkeit	−0,177***	−0,156***	−0,164***
	(0,0145)	(0,0110)	(0,0082)
Anteil an Mehrfamilienhäusern	0,0486**		
	(0,0229)		
Einzelhandelskaufkraft	0,00134	0,00098	
	(0,0009)	(0,0009)	
Bildung	0,272***	0,338***	0,348***
	(0,0544)	(0,0466)	(0,0457)
Konstante	68,32***	69,30***	74,80***
	(5,296)	(5,491)	(1,328)
Beobachtungen	46	46	46
R^2	0,953	0,948	0,947

Standardfehler in Klammern
*** p < 0,01; ** p < 0,05; * p < 0,1
Quelle: Eigene Berechnung mit Daten der Stadt Duisburg (2015)

ner Regression überprüft. Anhand der Duisburger Daten aus Kapitel 3.2 soll am Ende ein nicht perfektes, aber vernünftig spezifiziertes Modell stehen. Wie gezeigt wird, bietet die Regressionsdiagnostik in der Identifizierung besonderer Fälle auch einen inhaltlichen Mehrwert.[14]

Am Anfang steht mit Tabelle 3.3, die bereits aus Kapitel 3 bekannte Übersicht der drei linearen Regressionsmodelle. Wir betrachten zunächst das erste Modell. Hier wurden alle vier unabhängigen Variablen mit in das Modell einbezogen.

Die Verletzung der Annahme, dass der Erwartungswert des Fehlerterms der linearen Regressionsgleichung gleich Null ist ($E(\varepsilon_i) = 0$), stellt den ersten zu überprüfenden Annahmenblock dar. Der Erwartungswert ist der Mittelwert über hypothetische Wiederholungen eines Experiments. Führt man ein und dasselbe Experiment immer und immer wieder durch, so würde man meist sehr ähnliche aber aufgrund von kleinen Messfehlern keine identischen Ergebnisse erhalten. Mal

---

14 Die verschiedenen Bestandteile der Diagnostik sind angelehnt an Kohler und Kreuter (2012, Kap. 9.3 ff.), welche die dazugehörigen Stata-Befehle direkt mitliefern. Für einen formaleren Überblick über regressionsdiagnostische Verfahren siehe auch Ohr (2010).

weicht der Fehler nach oben hin, mal nach unten hin ab. Im Durchschnitt sollten sich die Abweichungen allerdings gegenseitig aufheben (vgl. Kohler und Kreuter 2012, S. 271). Eine Verletzung der Annahme kann drei unterschiedliche Ursachen haben: (1) Der Zusammenhang zwischen den abhängigen und einer unabhängigen Variable ist nicht linear, (2) einzelne Ausreißer beeinflussen das Ergebnis besonders stark und (3) mit den übrigen Variablen im Modell korrelierende Einflussfaktoren wurden übersehen. Bevor jede einzelne Ursache speziell überprüft wird, bietet ein ‚residual-vs.-fitted-plot' (Abbildung 3.7) einen ersten Überblick über alle drei Ursachen.

Mit bloßem Auge lässt sich erkennen, dass der Mittelwert aller Residuen, in etwa Null ist. Punkte über und unter der Null-Linie heben sich in etwa gegenseitig auf. Das liegt allerdings an der Definition des Modells selber, welches die Regressionskoeffizienten so schätzt, dass der Mittelwert der Residuen gleich Null ist. Zusätzlich muss allerdings gegeben sein, dass der Mittelwert auch lokal Null ist. Unterteilt man die x-Achse in beliebige Abschnitte, so soll auch innerhalb jedes Streifens der Mittelwert gleich Null sein. Nimmt man immer etwa 5–10 Punkte in der Grafik zusammen, so scheint das im vorliegenden Beispiel meist ebenfalls der Fall zu sein. Lediglich ganz links in der Grafik gleichen die vier Punkte Hochfeld, Marxloh, Beeck und Obermarxloh vermutlich nicht den großen negativen Ausreißer Bruckhausen aus. Alles in allem scheint das Modell aber in Bezug auf diese Annahme recht gut. Allerdings lässt sich die Verletzung von $E(\varepsilon_i) = 0$ in der Praxis selten wirklich gut anhand dieses Plots erkennen. Er dient daher nur zur ersten Übersicht. Für die genauere Überprüfung der einzelnen Ursachen können die im Folgenden vorgestellten spezielleren Techniken angewendet werden.

Linearität
Dass die abhängige Variable wirklich als lineare Funktion der unabhängigen Variable beschrieben werden kann, ist praktisch die Grundbedingung für die Durchführung einer linearen Regression. Vor allem bei hohen Fallzahlen täuscht die errechnete Regressionsgerade einen linearen Zusammenhang vor, wo keiner ist oder andere Zusammenhänge passender wären. Eine Möglichkeit solche Zusammenhänge aufzudecken ist es, den Scatterplot um weitere Informationen anzureichern (vgl. Schnell 1994, S. 102 ff.). In Abbildung 3.8 wurde die sogenannte Median-Trace-Methode genutzt. Dafür wird die x-Achse in Abschnitte unterteilt[15] und für jeden Streifen der Median berechnet. Anschließend werden die Mediane durch Linien oder Kurven verbunden. So ist erkennbar, ob die errechnete Stei-

---

15 In diesem Beispiel in fünf Abschnitte, sodass jeder Abschnitt durchschnittlich ca. 9 Punkte (N = 46) enthält. Bei höheren Fallzahlen können auch mehr Abschnitte genutzt werden. Je größer allerdings die gewählte Anzahl der Abschnitte ist, desto glatter wird auch die Linie.

Abbildung 3.7 Residual-vs.-Fitted-Plot der Duisburger Daten

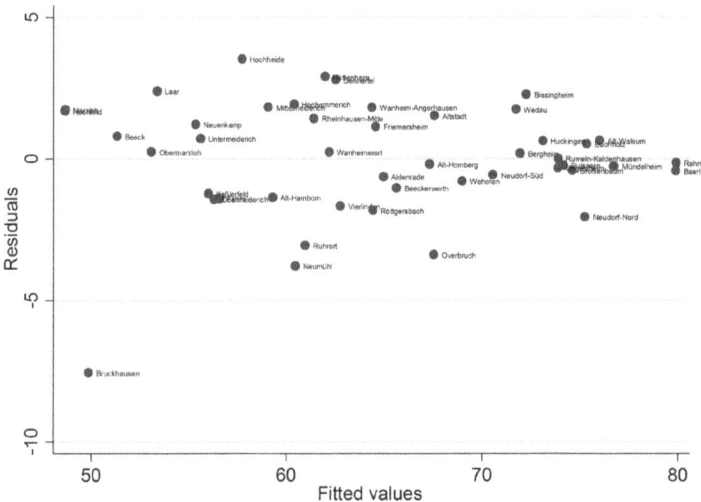

Quelle: Eigene Berechnung mit Daten der Stadt Duisburg (2015)

Abbildung 3.8 Um den Median-Trace angereicherte Scatterplots der Wahlbeteiligung und der unabhängigen Variablen für die Stadt Duisburg

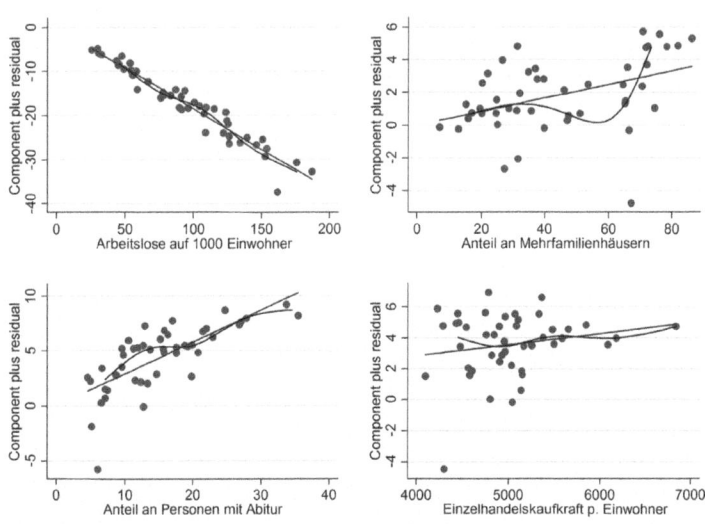

Quelle: Eigene Berechnung mit Daten der Stadt Duisburg (2015)

gung der Regressionsgerade nicht in einzelnen Abschnitten sehr unpassend für die Daten ist.

Für jede unabhängige Variable wird also zusätzlich zur Regressionsgerade auch eine *Median-Trace*-Kurve eingefügt. In Abbildung 3.8 sind die vier Plots daher zusammengefasst. Oben links erkennt man den Zusammenhang zwischen der Arbeitslosigkeit und der Wahlbeteiligung bei der Bundestagswahl 2009. Die Kurve weicht kaum von der Gerade ab und auch die einzelnen Abschnitte sind nahezu perfekt identisch mit der Geraden. Die Arbeitslosenzahlen der Stadt Duisburg stehen also in einem linearen Zusammenhang mit der Wahlbeteiligung. Die unabhängigen Variablen ,Anteil an Personen mit Abitur' sowie ,Einzelhandelskaufkraft' beschreiben zwar keinen perfekten linearen Zusammenhang, insgesamt liegen die Kurven aber auch hier relativ nah an der Geraden und auch die Steigung in den einzelnen Abschnitten weicht nicht besonders stark von der Steigung der Regressionsgeraden ab. Auch hier ist es vertretbar, einen linearen Zusammenhang anzunehmen, weshalb die Variablen mit in das Modell aufgenommen werden können. Anders stellt sich der Fall des ,Anteils an Mehrfamilienhäusern' dar. Hier ist eine deutliche Abweichung von der Geraden zu erkennen. Zwischen einem Anteil von 20–40 Prozent ist die Kurve praktisch identisch mit der Geraden. Zwischen einem Anteil von 40–60 Prozent ist der Zusammenhang sogar fallend, anschließend ändert der Zusammenhang wieder stark die Richtung und steigt deutlich stärker an als die Regressionsgerade.

Weil sich der Zusammenhang mit der abhängigen Variable demnach in unterschiedlichen Abschnitten der unabhängigen Variable unterscheidet, also nicht linear ist und sie deshalb auch die übrigen Prädiktoren verzerren könnte, wird die Variable aus dem Modell entfernt (siehe Modell 2 in Tabelle 3.3). Alternativ hätte man versuchen können, die Variable so zu transformieren, dass sie doch einem linearen Zusammenhang entspricht. Darunter leidet aber meist die Interpretierbarkeit des Modells.

Einflussreiche Fälle

Die weiteren Analysen beziehen sich jetzt auf das Modell 2, mit nur noch drei unabhängigen Variablen. Die Identifizierung von besonders einflussreichen Beobachtungen steht hier zunächst im Vordergrund. Besonders ,einflussreich' sind Fälle, welche die Regressionskoeffizienten besonders beeinflussen – oder grafisch gedacht: die Regressionsgerade stark verschieben oder in ihre Richtung ziehen. Bei bivariaten Regressionen lassen sich solche Zusammenhänge schon an einem normalen Scatterplot erkennen, denn die Punkte von einflussreichen Fällen liegen fast immer außerhalb der gesamten Punktewolke. Für Ausreißer in multivariaten Regressionen, müssen hingegen speziellere Methoden angewendet werden.

Abbildung 3.9 Box-Plot der DFBETA-Werte mit Kennzeichnung der Ausreißer für die Stadt Duisburg

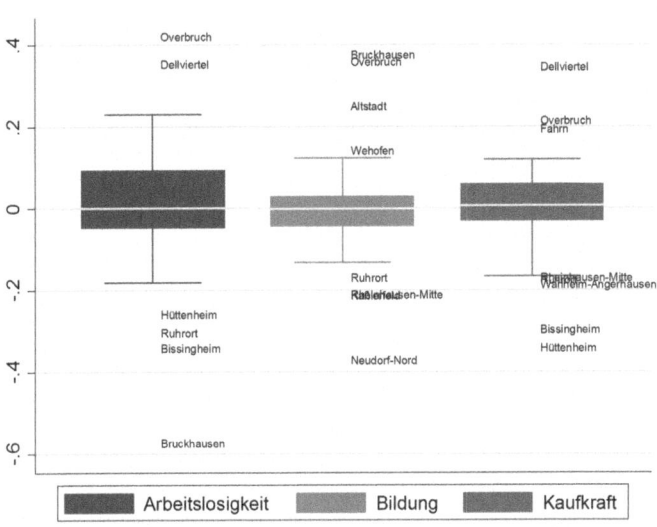

Quelle: Eigene Berechnung mit Daten der Stadt Duisburg (2015)

Eine Möglichkeit besteht im sogenannten DFBETA-Wert. Dabei wird die Regression mehrmals durchgeführt, es wird aber immer eine Beobachtung weg gelassen. Man vergleicht dann die geschätzten Koeffizienten miteinander. Wenn sich diese stark unterscheiden, hat der Fall, der in der Regression ausgelassen wurde, einen besonders starken Einfluss (vgl. Kohler und Kreuter 2012, S. 277).[16] Einen Überblick über besonders hohe oder niedrige DFBETA-Werte zeigt Abbildung 3.9.

Stadtteile mit DFBETA-Werten größer als Null, erhöhen den Regressionskoeffizienten, während Stadtteile mit Werten unter null den Koeffizienten verringern. Die Vielzahl an einflussreichen Stadtteilen täuscht in dieser Darstellung allerdings etwas, da in der Literatur $|DFBETA| > 2/\sqrt{n}$ als groß angesehen werden (vgl. Belsley et al. 1980, S. 28). In Tabelle 3.8 sind daher die Stadtteile aufgelistet die diesen Wert überschreiten.

---

16 Formal lautet die Formel zur Berechnung von DFBETA:

$$DFBETA_{ik} = \frac{b_k - b_{k(i)}}{s_{e(i)}/\sqrt{RSS_k}}$$

b_k = Koeffizient der Variable k; $b_{k(i)}$ = Koeffizient der Variable k ohne die Beobachtung i; $s_{e(i)}$ = Standardabweichung der Residuen ohne die Beobachtung i.

Tabelle 3.8   Übersicht über Duisburger Stadtteile mit hohen DFBETA-Werte

Arbeitslosigkeit		Bildung		Kaufkraft	
Stadtteil	dfbeta	Stadtteil	dfbeta	Stadtteil	dfbeta
Overbruch	0,4210	Overbruch	0,3599	Dellviertel	0,3462
Bruckhausen	−0,5746	Bruckhausen	0,3757	Bissingheim	−0,2968
Ruhrort	−0,3055	Neudorf-Nord	−0,3721	Hüttenheim	−0,3422
Dellviertel	0,3531				
Bissingheim	−0,3417				

Quelle: Eigene Berechnung mit Daten der Stadt Duisburg (2015)

Bei Individualdatenanalysen würde man bei diesen Fällen häufig Messfehler vermuten und sich die einzelnen Personen genau anschauen, um sie im Zweifel aus der Analyse auszuschließen. Kann man, wie bei den vorliegenden Daten der Fall, gravierende Messfehler größtenteils ausschließen, stellt die Identifizierung einflussreicher Fälle einen enormen Mehrwert für die praktische Nutzung der Daten dar. Die in Tabelle 3.8 aufgeführten Fälle stellen nicht Extremwerte einzelner Variablen dar, wie höchste Arbeitslosigkeit oder niedrigster Bildungsgrad, sondern sie stellen Fälle dar, bei denen die Kombination der Werte besonders außergewöhnlich ist. Praktische Politik könnte sich also genau diese Fälle besonders anschauen. In Tabelle 3.9 sind drei Stadtteile mit hohen DFBETA-Werten und ihren soziostrukturellen Merkmalen, sowie der Mittelwert und der Median für Gesamt-Duisburg aufgelistet.

Ruhrort hat eine unterdurchschnittliche Wahlbeteiligung und eine erhöhte Arbeitslosenquote. Zwar ist die Variable im Modell nicht mehr mitgerechnet worden, aber Ruhrort besteht dennoch aus 66,4 Prozent aus Mehrfamilienhäusern. Soweit passen alle Daten zusammen, denn Arbeitslosigkeit und eine hoher Anteil an Mehrfamilienhäusern wirken negativ auf die Wahlbeteiligung. Überraschend sind jedoch die gute Kaufkraft sowie ein leicht höherer Anteil an Abiturienten. Falls aus Ruhrort in Zukunft viele gut gebildete Einwohner abwandern, ist zu befürchten, dass die ohnehin schon schlechte Wahlbeteiligung noch weiter abstürzt. Aktuell wird diese durch eine hohe Bildung und eine durchschnittlich bis gute Kaufkraft noch abgefangen.

Neudorf-Nord hat eine hohe Wahlbeteiligung bei der Bundestagswahl 2009 erreicht, eine niedrige Arbeitslosenquote, eine gute Kaufkraft sowie der höchste

Tabelle 3.9   Übersicht über soziostrukturelle Merkmale von Stadtteilen
mit hohen DFBETA-Werten und Gesamt-Duisburg

Ortsteil	WB	ALO	KK	ABI	MF	EW	AGE
Ruhrort	57,9	126,5	5 138	19,8	66,4	5 283	43,8
Neudorf-Nord	73,2	75,5	5 152	35,4	74,5	13 461	44,5
Dellviertel	65,3	115,6	5 368	17,0	70,6	14 029	42,9
Mittelwert Duisburg	64,5	94,8	5 023	15,3	44,6	10 613	43,6
Median Duisburg	64,5	92,8	4 960	14,2	38,7	11 053	44,1

WB = Wahlbeteiligung bei der Bundestagswahl 2009; ALO = Arbeitslose auf 1 000 Einwohner; KK =
Einzelhandelskaufkraft pro Einwohner; ABI = Anteil an Personen mit Abitur; MF = Anteil an Mehrfamilien-
häusern; EW = Einwohner zum 31.12.2010; AGE = Durchschnittsalter 2009
Quelle: Eigene Berechnung mit Daten der Stadt Duisburg (2015)

in Duisburg vorkommende Anteil an Abiturienten. Trotz dieser für ein Ober-
schichtenviertel sprechenden Indikatoren, gibt es in Neudorf-Nord nur zu einem
Viertel Ein- oder Zweifamilienhäuser. Neudorf-Nord ist der Stadtteil, der direkt
am Campus Duisburg der Universität Duisburg-Essen liegt. Der Stadtteil profi-
tiert also enorm von vielen Studenten und vor allem von Angestellten der Universität. Dies drückt sich dementsprechend auch in der hohen Wahlbeteiligung aus.
Ähnlich liegt der Fall im Dellviertel. Auch dieses Viertel ist als Studentenviertel
bekannt, was sich durch den leicht überdurchschnittlichen Bildungsgrad bemerkbar macht. Hohe Arbeitslosigkeit verhindert allerdings im Gegensatz zu Neudorf-
Nord höhere Beteiligungsraten.

An diesen drei Beispielen lassen sich in aller Kürze die praktischen Vorteile der Identifizierung von einflussreichen Fällen darstellen. Kommunalpolitiker
und Kommunalpolitikerinnen können von solchen Analysen profitieren und genauere Einblicke in ihre Stadtteile erhalten. Statt immer nur den Stadtteil mit der
besten oder der schlechtesten Wahlbeteiligung zu betrachten, bietet die Regressionsdiagnostik hier einen tieferen Einblick in die Daten. Zudem verschafft sie
dahingehend Sicherheit, dass es tatsächlich diese Variablen sind, die eine Bedeutung haben.

Abschließend soll mit den *Added-Variable-Plots* ein weiteres Werkzeug zur
Entdeckung einflussreicher Fälle vorgestellt werden.

„Um den Added-Variable-Plot der Variablen X_1 zu erstellen, wird zunächst eine Regression von Y gegen alle unabhängigen Variablen außer X_1 durchgeführt. Danach wird
eine Regression von X_1 auf die übrigen unabhängigen Variablen berechnet. Die Resi-

duen dieser beiden Regressionen werden gespeichert und anschließend gegeneinander geplottet" (Kohler und Kreuter 2012, S. 278 f.).

Besonders weit außen liegende Punkte in diesen Plots können als Ausreißer identifiziert werden. Für das vorliegende Beispiel sind in Abbildung 3.10 die Stadtteile mit hohen DFBETA-Werten bereits gekennzeichnet. Da nur eine geringe Fallzahl vorliegt, funktioniert dieses Verfahren nur annähernd gut, bei höherer Fallzahl treten multivariate Ausreißer deutlicher aus der Punktewolke hervor. In der Tendenz liegen aber auch unsere bereits identifizierten Stadtteile relativ außerhalb.

Bisher wurden die Auswirkungen von einflussreichen Fällen zwar in Abhängigkeit anderer Variablen, aber letztlich für jede Variable einzeln getestet. Aus der Verrechnung der Ungewöhnlichkeit der abhängigen Variable Y (Diskrepanz) und der außergewöhnlichen Kombination der unabhängigen X-Variablen (Leverage) lässt sich die Maßzahl $Cook's\ D$ errechnen (vgl. Fox 1984, S. 168). Dabei gelten Werte von $4/n$ als groß. In unserem Beispiel sind also Werte von $4/46 = 0{,}087$ als groß zu betrachten. Durch eine waagerechte Linie bei diesem Wert kann somit einfach dargestellt werden, welche Punkte über dem kritischen Wert liegen und welche unproblematisch sind (vgl. Schnell 1994, S. 224 f.). In Abbildung 3.11 ist dieser Plot dargestellt, wobei über alle Variablen hinweg nur Bruckhausen als auffällig identifiziert wird. Bruckhausen weist somit als einziges Quartier eine besonders abweichende – in diesem Fall niedrige – Wahlbeteiligung auf und eine ungewöhnliche Kombination aus unabhängigen Variablen.

Zusammenfassend zeigen die Analysen von einflussreichen Fällen einen relativ deutlichen Befund. Es gibt Stadtteile, welche die Regressionskoeffizienten besonders beeinflussen. Einige Stadtteile sind dabei gleich auf mehreren Variablen auffällig. Da Messfehler bei den öffentlichen Aggregatdaten größtenteils auszuschließen sind, stellt die Analyse auch einen Mehrwert für die praktische Anwendung dar und geht damit über bloßes Überprüfen von Voraussetzungen hinaus. Der $Cook's$-D-Wert sowie die sich häufig ausgleichenden DFBETA-Werte zeigen, dass es schließlich nur einen Fall gibt, der beträchtliche Auswirkungen auf das Gesamtmodell hat. Auch dieser Einfluss bleibt aber im vorliegenden Beispiel sehr gering, da durch das Modell schon extrem viel Varianz aufgeklärt wird (siehe für Ergebnisse ohne Bruckhausen Tabelle 2 im Anhang). Aus diesem Grund wird Bruckhausen weiterhin im Modell belassen.

Übersehene Einflussfaktoren

Mit übersehenen Einflussfaktoren werden Variablen bezeichnet, die einen Einfluss auf die abhängige Variable ausüben und gleichzeitig stark mit einer der übrigen Variablen im Modell korrelieren. Ist dies der Fall, besteht die Gefahr der ‚Multikollinearität', welche die Koeffizienten verzerren kann. Einen perfekten Zu-

Abbildung 3.10   Added-Variable-Plot der drei unabhängigen Variablen in Modell 2 für die Stadt Duisburg

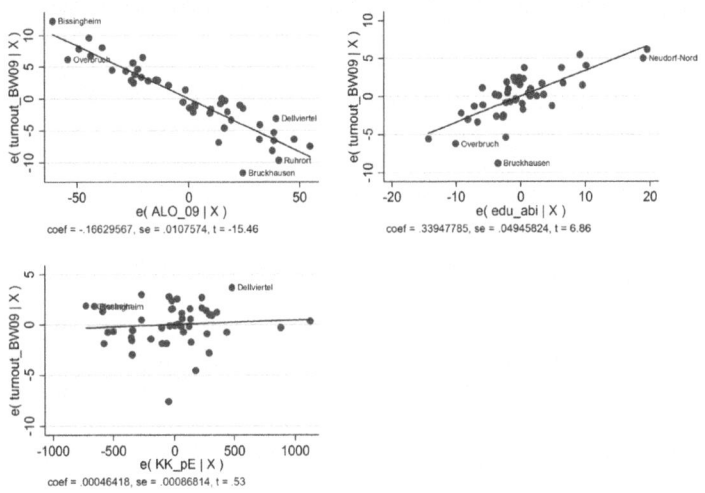

Quelle: Eigene Berechnung mit Daten der Stadt Duisburg (2015)

Abbildung 3.11   Cook's D-Werte mit besonderer Kennzeichnung des kritischen Schwellenwerts

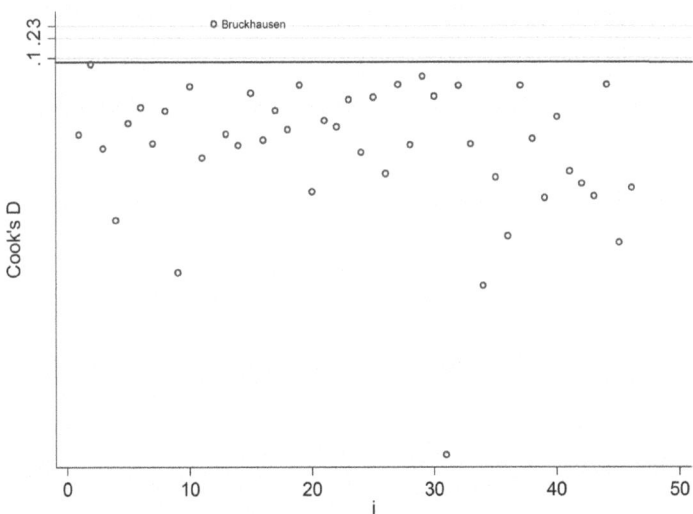

Quelle: Eigene Berechnung mit Daten der Stadt Duisburg (2015)

sammenhang erkennen die meisten Statistikprogramme und entfernen automatisch eine der Variablen aus dem Modell. Trotzdem bleibt es schwierig, das Problem vollständig zu behandeln, da auch Variablen, die nicht im Modell enthalten sind, übersehene Einflussfaktoren darstellen könnten. Eine Möglichkeit der Prüfung auf Kollinearität stellen Varianzinflationsfaktoren dar. Durch Multikollinearität erhöht sich vor allem der Standardfehler des Modells. Daraus resultieren falsche oder verzerrte Koeffizientengrößen oder -vorzeichen (vgl. Ohr 2010, S. 664). Auf diese Erhöhung des Standardfehlers bzw. der Varianz nehmen die Varianzinflationsfaktoren (VIF) Bezug. In Tabelle 3.10 sind die VIF-Werte der drei unabhängigen Variablen aufgeführt.

Der VIF kann Werte zwischen 1 und ∞ annehmen. In der Forschung herrscht allerdings Uneinigkeit darüber, welche Werte als hoch zu bezeichnen sind. Häufig wird als Grenze ein Wert von 10 angenommen (vgl. Belsley et al. 1980; O'Brien 2007, S. 674). Aber auch geringere Werte wie 2,5 (Allison 2012) wurden in die Diskussion eingebracht. Da die vorliegenden Werte allesamt unter dieser konservativsten Schätzung liegen, wird angenommen, dass das vorliegende Modell kein Multikollinearitätsproblem hat.

Heteroskedastizität
Unter Heteroskedastizität versteht man die Verletzung der Annahme, dass die Varianz der Fehler für alle Werte von X gleich sein soll. Sie führt „im Gegensatz zur Verletzung von $E(\varepsilon_i) = 0$ nicht zu einer verzerrten Schätzung der Koeffizienten" (Kohler und Kreuter 2012, S. 285), sondern sie erhöht die Wahrscheinlichkeit, dass der ermittelte Koeffizient vom wahren Wert in der Grundgesamtheit abweicht. Häufig tritt dieses Problem bei asymmetrisch verteilten Variablen auf. Zur Untersuchung von Heteroskedastizität eignen sich demnach sogenannte *Symmetrieplots*. Dafür wird jeweils der Abstand der nächstgrößeren und nächstkleineren Beobachtung zum Median gegeneinander geplottet. Liegen die Punkte auf der Hauptdiagonalen, sind die Abstände immer gleich groß und die Verteilung ist perfekt symmetrisch. Liegen die Punkte über der Diagonalen, ist die Verteilung rechtsschief. Liegen sie eher unter ihr, ist sie linksschief. Abbildung 3.12 zeigt die Symmetrieplots für alle im Modell 2 enthaltenen Variablen inklusive der abhängigen Variable ‚Wahlbeteiligung'.

Bei den Variablen Wahlbeteiligung und Arbeitslosigkeit ist keine eindeutige Tendenz festzustellen. Die Variablen sind daher ziemlich symmetrisch. Bildung und Einzelhandelskaufkraft sind hingegen leicht rechtsschief verteilt. Ihre Koeffizienten sind also nicht so effizient, wie die der Arbeitslosigkeit.

Da die Einzelhandelskaufkraft neben einer leichten Ineffektivität ebenfalls den höchsten VIF-Wert aufwies, wird sie aus dem Modell entfernt. Nach dieser Anpassung liegen die VIF-Werte für beide verbliebenen Variablen bei niedrigen 1,27.

Tabelle 3.10 Übersicht über die VIF-Werte für die Stadt Duisburg

Variable	VIF
Kaufkraft	2,30
Arbeitslosigkeit	2,29
Bildung	1,32
Durchschnittlicher VIF	1,97

Quelle: Eigene Berechnung mit Daten der Stadt Duisburg (2015)

Abbildung 3.12 Symmetrieplots der in Modell 2 enthaltenen Variablen für die Stadt Duisburg

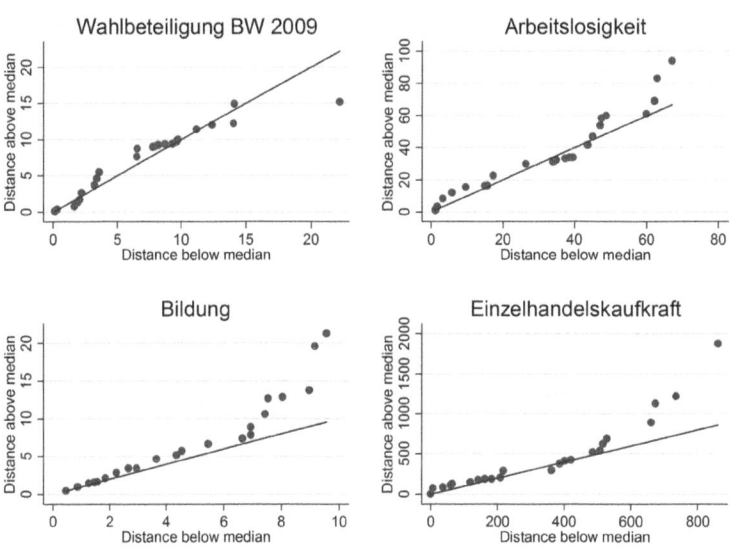

Quelle: Eigene Berechnung mit Daten der Stadt Duisburg (2015)

Dieser Vorgang hat noch einen weiteren Vorteil. Pro abhängiger Variable, die zusätzlich in das Modell einbezogen wird, sollten möglichst mindestens 20 Fälle vorliegen. Bei drei Variablen wären dies 60 Fälle, was die Zahl der Beobachtungen von n = 46 im Beispiel übersteigt. Durch die Eliminierung verhindern wir also eine zusätzliche Verzerrung des Modells und die Koeffizienten der beiden übrigen Variablen werden zuverlässiger. Es sollte trotzdem im Hinterkopf behalten werden, dass die Einzelhandelskaufkraft auch in Modell 2 keinen signifikanten Einfluss hatte, selbst wenn der genaue Koeffizient leicht verzerrt war. Um die leicht rechtsschiefe Verteilung der Bildungsvariablen zu korrigieren, hätte man die Variable noch transformieren können (bspw. durch die Logarithmierung der Variable). Der Effekt ist in diesem Beispiel allerdings verschwindend gering[17], weshalb zugunsten einer besseren Interpretierbarkeit die nicht-transformierte Variable im Modell belassen wurde.

Abschließend ergibt sich also mit Modell 3 in Tabelle 3.3 das endgültig spezifizierte Modell zur Erklärung der Wahlbeteiligung der Bundestagswahl 2009 in Duisburg. Die Regressionsdiagnostik legte dabei nahe, mindestens eine der unabhängigen Variablen (Anteil an Mehrfamilienhäusern) aus dem Ursprungsmodell zu eliminieren. Aus kombinierten Gründen verschiedener Diagnoseschritte wurde außerdem auch die Einzelhandelskaufkraft aus dem Modell herausgenommen, um größtmögliche Genauigkeit und Effizienz der verbliebenen Variablen zu sichern.

3.6 Ein einheitliches Bild für NRW – Anteil der Erwerbslosigkeit und durchschnittlicher Bildungsgrad erklären soziale Schieflage der Wahlbeteiligung auf Stadtteilebene

Die Analyse der drei Städte Duisburg, Essen und Düsseldorf zeigt ein überwiegend einheitliches Bild. In allen drei Städten lässt sich eine soziale Schieflage der Wahlbeteiligung auch auf Stadtteilebene nachweisen. Die anfangs aufgestellten Hypothesen hielten allerdings nicht alle der Überprüfung stand. Zwar haben alle Variablen einzeln einen signifikanten Einfluss auf die Wahlbeteiligung, werden sie aber durch andere Variablen im Modell kontrolliert, so verlieren die Kaufkraft und die Bebauungsart ihre Erklärungskraft. Bei der Wahlbeteiligung im Stadtteil scheint es daher vor allem auf den Anteil der Erwerbslosigkeit und auf den durch-

---

17 Standardfehler, Beta-Koeffizienten und t-Werte unterscheiden sich zwischen den Modellen frühestens ab der dritten Nachkommastelle.

schnittlichen Bildungsgrad anzukommen. Dabei hat die Arbeitslosigkeit den größeren Einfluss. Betrachtet man die Städte im Vergleich, so konnten deutliche Niveauunterschiede beobachtet werden. Während in Düsseldorf noch hohe Beteiligungsraten erreicht werden und auch die soziostrukturellen Merkmale selbst in prekären Vierteln verhältnismäßig gut ausfallen, stellt sich Duisburg als eine Nichtwählerhochburg mit ausgeprägter sozialer Spreizung dar. Essen nimmt im vorliegenden Beispiel eine Mittelposition ein, liegt aber von den Beteiligungsquoten noch immer näher an der Nachbarstadt Duisburg als an der Landeshauptstadt Düsseldorf.

Bemerkenswert ist der Vergleich zwischen verschiedenen Wahlen: In Duisburg und Essen konnten zwar deutliche Niveauunterschiede in der Wahlbeteiligung festgestellt werden, welche dem Schema von Haupt- und Nebenwahlen entsprechen (vgl. Reif und Schmitt 1980), die soziale Schieflage stellte sich aber über alle Wahlen hinweg etwa gleich schwerwiegend dar. Die Überlegung, dass vor allem die immer wieder als ‚Elitenprojekt' beschriebene Europawahl eine deutlichere Spreizung aufweisen müsste, da überproportional schwächere Milieus der Wahl fernbleiben, kann aufgrund der vorliegenden Analyse nicht bestätigt werden.

Alles in allem bestätigen sich sowohl die in der Theorie geäußerten Befürchtungen als auch die auf nationaler und internationaler Ebene nachgewiesenen Ergebnisse auf lokaler Bühne. Für Wahlen auf allen politischen Ebenen muss auch in Duisburg, Essen und Düsseldorf von einer ‚gespaltenen Demokratie' (vgl. Bertelsmann Stiftung 2013a) gesprochen werden. Eine soziale Kluft zwischen den in das politische System Integrierten und den Desintegrierten ist aufgebrochen.

Im folgenden Kapitel gehen wir daher der Frage nach, welche Auswirkungen die niedrige und soziale verzerrte Wahlbeteiligung auf das politische Angebot (z. B. Parteiprogramme, Gesetze) und die politische Nachfrage (z. B. Wahlergebnisse) hat.

Die Folgen der sozialen Schieflage 4

Es stellt sich nun die Frage, inwiefern die bisherigen Erkenntnisse dieses Bandes eine Gefahr für den demokratischen Prozess, wie wir ihn bisher kannten, darstellen. Denn es ist zwar sicherlich unschön, wenn bestimmte soziale Schichten aus dem demokratischen Prozess ausscheiden, doch häufig wird argumentiert, dass die Politik trotzdem das Wohl des *ganzen* Volkes im Blick habe.

Allerdings ist dies fragwürdig, denn das vorrangige Interesse der politischen Akteure muss es sein, wiedergewählt zu werden und Mehrheiten zu erlangen, um die – ihrer politischen Meinung nach – besten Politiken durchsetzen zu können. Das – und nichts anderes – ist die entscheidende Triebfeder im gesellschaftlichen System ,Politik'. Da jedoch nur gewählt werden kann, wer die Wähler auf seiner Seite hat, ist es für die Parteien rational, sich vorrangig an den Interessen der Wähler auszurichten. Konsequenterweise geht damit die verbundene Gefahr einher, die Interessen der Nichtwähler, also eines erheblichen und stetig wachsenden Teils der Bevölkerung, unbeachtet zu lassen. Der langjährige britische Minister Geoff Hoon drückte es wie folgt aus: *„My fear is that as time goes on, as all political parties become more sophisticated at targeting actual voters we could fail to pay attention to the serial non-voters"* (Ballinger 2006, S. 7).

Dies in Verbindung gebracht mit den in den vorherigen Kapiteln aufgeführten Erkenntnissen über Nichtwähler, resultiert dann in ein sogenanntes ,Robin-Hood-Paradoxon' (Lindert 2004, S. 15): Umverteilung von den Reichen an die Armen ist dort am unwahrscheinlichsten, wo sie am meisten benötigt würde (ebd.). Doch warum ist das so?

Das Meltzer-Richard-Modell der Umverteilung

In diesem Modell wird zunächst angenommen, dass der Median-Wähler im Idealfall einer perfekten Einkommensgleichheit auch das Durchschnittseinkommen verdienen würde. Wächst die Einkommensungleichheit an, fällt er unter das durchschnittliche Einkommen, weil einige wenige Bürger immer mehr Einkommen auf sich ziehen würden.

Das Meltzer-Richard-Modell *„assumes that redistribution takes the form of a universal flat-rate benefit received by all citizens and financed by a linear income tax"* (Pontusson und Rueda 2010, S. 679). Ein fiktiver Steuersatz von 100 Prozent würde somit die Einkommensungleichheit nivellieren. Alle Bürger unterhalb des Durchschnitts-Einkommens (und somit auch der Median-Wähler) würden daher aus rationaler (theoretischer) Perspektive eine 100 Prozent-Steuer befürworten. Jedoch ist der Nutzen aus einer derartigen Steuerprogression insbesondere für die Bezieher mittlerer Einkommen, d. h. leicht unterhalb des Durchschnitts-Einkommens, gering. Die potentiellen Kosten sind zum einen wegen des abschreckenden Effekts der Höhe des Steuersatzes, zum anderen wegen der reellen Möglichkeit, selbst einmal negativ betroffen zu sein, für die Gruppe hoch. Daher sollte der Median-Wähler eine begrenzte Umverteilung präferieren, die eine Funktion aus der Distanz zwischen seinem und dem durchschnittlichen Einkommen darstellt (Abbildung 4.1). Nimmt die *Einkommensungleichheit* nun zu, d. h. wird das Durchschnittseinkommen nach oben hin verzerrt und aufgrund der zuvor getroffenen Annahmen näher an das höchste Einkommen herangezogen und gehen gleichzeitig alle Einkommensbezieher (inkl. der Sozialleistungsempfänger) wählen, dann führt dies dazu, dass der Median-Wähler auch eine *höhere Umverteilung* befürwortet (Abbildung 4.2). Denn für ihn ist hierdurch nun schlichtweg mehr zu gewinnen. Die konkurrierenden Parteien müssten also entsprechende Politik-Entwürfe anbieten, um ihn für sich zu gewinnen (vgl. ebd., S. 679 ff.).

Eine höhere Ungleichheit in der Einkommensverteilung wäre folglich in diesem Modell zwangsläufig mit mehr Umverteilung verbunden. Die Realität beweist aber das Gegenteil, nämlich ein sogenanntes ‚Robin-Hood-Paradoxon‘ (Lindert 2004, S. 15): Umverteilung von den Reichen an die Armen ist dort am unwahrscheinlichsten, wo sie am meisten benötigt würde (ebd.).

Der Grund hierfür ist in der sozialen Schieflage der Wahlbeteiligung zu suchen: Da sich im besonderen Maße sozial Benachteiligte der Wahl enthalten, verschiebt sich die ‚Mitte‘ der politischen Gesellschaft weiter nach oben auf der Einkommensskala. Zwar haben alle Bürger das grundsätzliche Recht zu wählen und könnten sich deshalb beteiligen. Wie in den vorherigen Kapiteln erörtert, werden benachteiligte Milieus jedoch faktisch immer weiter von der Wahl ausgeschlossen. Parteien würden sich zwar weiterhin in puncto Umverteilung an der ‚Mitte‘ der Wähler orientieren und bei steigender Einkommensungleichheit (unter den Wählern!) für mehr Umverteilung plädieren. Doch die ‚Mitte‘ der Wähler ist nun nicht mehr identisch mit der Mitte des Volkes, weil die gestiegene Einkommensungleichheit unter den Wählern nicht mehr ausreichend abgebildet wird. Es geht also um *„more leftist positions relative to the center of gravity in electoral politics"*

Abbildung 4.1   Wunsch des Median-Wählers nach Umverteilung bei 100-prozentiger Wahlbeteiligung und geringer Einkommensungleichheit

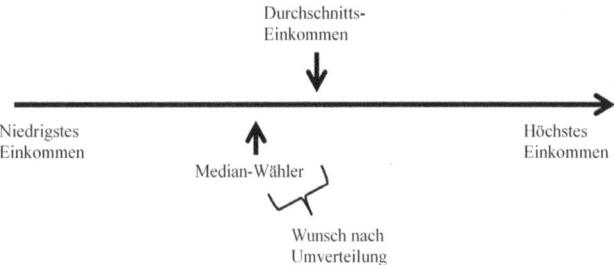

Quelle: Eigene Darstellung nach Pontusson und Rueda (2010).

Abbildung 4.2   Wunsch des Median-Wählers nach Umverteilung bei 100-prozentiger Wahlbeteiligung und größerer Einkommensungleichheit

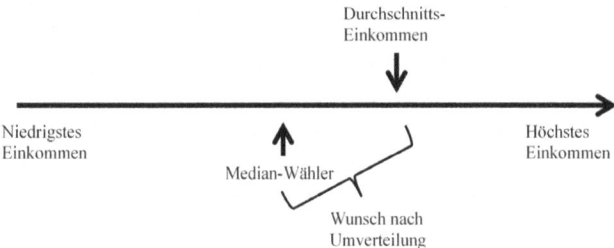

Quelle: Eigene Darstellung nach Pontusson und Rueda (2010).

Abbildung 4.3   Wunsch des Median-Wählers nach Umverteilung bei sozial verzerrter Wahlbeteiligung und größerer Einkommensungleichheit

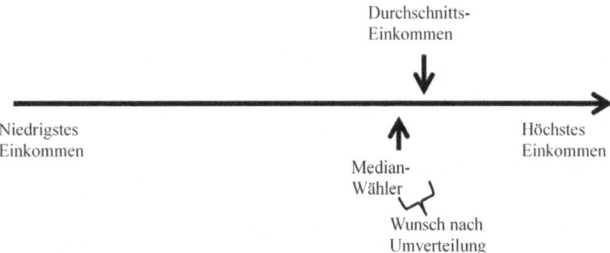

Quelle: Eigene Darstellung nach Pontusson und Rueda (2010).

(Pontusson und Rueda 2010, S. 681). Selbst beim ehrlichsten Bemühen der Politiker, die für alle ‚richtige' Politik zu entwerfen, wäre es somit politischer Selbstmord, eine stärker als vom Median-*Wähler* (und nicht vom Median-*Volk*) gewünschte Umverteilungspolitik zu verfolgen (Abbildung 4.3).

An dieser Stelle stellt sich jedoch die Frage, wie dieser Mechanismus im Einzelnen in der empirischen Realität funktioniert. Denn dass die Verschiebung der politischen ‚Mitte' durch die sich deutlich überproportional der Stimme enthaltenen sozial schwächeren Schichten nicht folgenlos bleiben kann, legt das Meltzer-Richard-Modell überzeugend nahe.

4.1 Verschiebung der politischen Nachfrage: Der Schluss liegt nahe, der Effekt ist aber nicht bewiesen

Zwei Möglichkeiten bieten sich an: Zum einen könnte sich die politische Nachfrage, also die Stimmenanteile der Parteien und somit Parlamentsmehrheiten und Regierungszusammensetzungen, ändern. Zum anderen könnte die Verschiebung der politischen ‚Mitte' auch zu einem Wandel des politischen Angebots, also der Parteiprogramme, Wahlkämpfe und tatsächlichen Gesetze, führen.

Die These der Nachfrage-Verschiebung fußt auf einigen Annahmen: So müssten die Bürger sich bei ihrer Wahlentscheidung im Großen und Ganzen auch tatsächlich von ihren jeweiligen sozialstrukturellen Merkmalen leiten lassen. Das würde bedeuten, dass sozial Schwächere eher Parteien mit stärkerem Umverteilungs-Profil, also tendenziell linken Parteien, während Bessergestellte eher konservativ-liberalen Parteien mit einer größeren Vorsicht bei Umverteilungs-Politiken zusprechen würden. Gleichzeitig müsste die soziale Schieflage innerhalb der Nichtwähler so groß sein, dass sie durch ihre Stimmenthaltung das Ergebnis signifikant verändern würde. Letztlich muss auch die Annahme getroffen werden, dass Nichtwähler ihre parteipolitischen Präferenzen mindestens genauso gut in Stimmen für die jeweilige Partei transferieren können, wie das die bisherigen Wähler praktizieren. Das heißt, dass sie sich nicht stärker als die Wähler von ihrem durch ihre sozialstrukturellen Merkmale präferierten Parteiwunsch abbringen lassen, z. B. durch sachfremde Erwägungen.

Diese teilweise sehr anspruchsvollen Annahmen zeigen bereits, dass eine Überprüfung der Nachfrage-These schwierig ist. Dementsprechend ist auch die bisherige Forschung zu dieser Frage zu keinen eindeutigen und häufig widersprüchlichen Ergebnissen gekommen:

Eine sehr wichtige Frage in diesem Zusammenhang lautet hier, ob sich die inhaltlichen politischen Präferenzen von Wählern und Nichtwählern unterscheiden.

Einige Forscher verneinen dies in älteren Studien (vgl. Bennett und Resnick 1990; Gant und Lyons 1993; Studlar und Welch 1986). Allerdings war zum Studienzeitpunkt auch die Wahlbeteiligung deutlich höher und die Wählerstruktur noch weit heterogener. Heute ist aufgrund der deutlich differierenden klassischen sozialstrukturellen Merkmale der Wähler und Nichtwähler ein Unterschied in den inhaltlichen politischen Präferenzen der beiden Gruppen sehr wahrscheinlich. Beispielhaft hierfür zeigt eine aktuelle Studie von Lutz et al. (2014), dass Nichtwähler für eine stärkere Umverteilung plädieren und tendenziell eher skeptisch gegenüber Einwanderung sind.

Die Kardinalsfrage lautet allerdings, ob Nichtwähler deutlich andere Wahlentscheidungen treffen würden als die Wähler und ob dies in einer derart großen Anzahl geschehen würde, dass es einen relevanten Einfluss auf Wahlergebnisse, Mehrheiten und Regierungsbildungen hätte. Dies ist in der Forschung sehr umstritten. Die Literatur hierzu ist zudem polarisiert:

Eine Reihe von Forschern stellt keine oder eher irrelevante Effekte fest (vgl. Lutz und Marsh 2007, S. 545): So simulieren Bernhagen und Marsh (2007) eine 100-prozentige Wahlbeteiligung und stellen fest, dass diese nur geringe Auswirkungen auf das Wahlergebnis hätte. Allenfalls kleine und Oppositions-Parteien würden zu vernachlässigende Gewinne erzielen, der Wahlsieger bleibe aber derselbe. Van der Eijk und Egmond (2007) finden keine systematischen Effekte auf Wahlsieger und Wahlverlierer. Die Veränderungen fielen vielmehr willkürlich aus. Rubenson et al. (2007) bezweifeln sogar, dass sich die Präferenzen zwischen Wählern und Nichtwählern unterscheiden. Die Auswirkungen einer universellen Wahlbeteiligung auf das Wahlergebnis beziffern sie auf unter zwei Prozentpunkte – selbst für die großen Parteien. Pettersen und Rose (2007) sehen ebenfalls keine Auswirkungen auf das Wahlergebnis – weder für große, kleine noch extreme Parteien. Lutz (2007) bezweifelt sogar, dass eine universelle Wahlbeteiligung Auswirkungen auf die Ergebnisse von Volksabstimmungen, die mit besonders niedrigen Partizipationsraten verbunden werden, haben würde. Vielmehr würde man hier erkennen, dass Nichtwähler weniger informiert seien und politisch rechtere Positionen einnehmen würden. Eine 100-prozentige Wahlbeteiligung würde linken Positionen folglich also – wenn überhaupt – schaden.

Andere Forscher hingegen sehen klare Belege für eine deutliche Veränderung der Wahlergebnisse durch die sinkende Wahlbeteiligung (vgl. Aguilar und Pacek 2000; Bohrer et al. 2000; DeNardo 1980; Hansford und Gomez 2010; Lijphart 1997; Pacek und Radcliff 1995; Radcliff 1994; Schäfer 2012)[18]. So sieht Schäfer (2012) klare Verluste für Parteien aus dem linken politischen Spektrum bei einer sinkenden

---

18   Eine ausführlichere Diskussion dieser Studien erfolgt in Kapitel 5.

Wahlbeteiligung. Hansford und Gomez (2010) konstatieren zudem, dass Oppositionsparteien von einer höheren Wahlbeteiligung profitieren. Wie sind diese widersprüchlichen Aussagen zu erklären? Die Ergebnisse hängen dabei vor allem davon ab, ob durch Umfragen entstandene Individualdaten oder Aggregatdaten, z. B. amtliche Statistiken, genutzt werden. Umfragen sind häufig mit dem Problem von verzerrten Stichproben *(sampling bias)* zugunsten der privilegierten sozialen Schichten belastet. In diesen Umfragen ist es oftmals schwierig die politisch apathischen Nichtwähler zu erreichen, weshalb die Nichtwähler der Umfragen vielmehr den Nichtwählern der höheren sozialen Schichten entsprechen – und nicht der Gesamtbevölkerung (vgl. Schäfer 2012, S. 244). Doch auch die Studien auf Basis von Aggregatdaten weisen erheblich Probleme auf, z. B. das des ökologischen Fehlschlusses[19].

Insgesamt erweist sich die Forschung in diesem Bereich als widersprüchlich und nicht umfassend genug. Ob tatsächlich der vermutete Effekt auf die politische Nachfrage existiert, kann daher nicht abschließend beantwortet werden. Die bisherigen Erkenntnisse hinsichtlich der sozialen Schieflage und der unterschiedlichen Präferenzen von Wählern und Nichtwählern deuten jedoch darauf hin. Weiteren Aufschluss bzgl. dieser These gibt die Diskussion der Auswirkungen einer universalen Wahlbeteiligung in Kapitel 6.

4.2 Verschiebung des politischen Angebots: Wahlkämpfe und Programme in sozialer Schieflage

Die Untersuchung der Verschiebung des politischen Angebots hat hingegen an einigen Stellen bereits eindeutige Ergebnisse hervorgebracht.

Die deutlichsten Belege für dieses Verhalten lassen sich in der Literatur zur Wahlkampfforschung entdecken. Als zentrale Strategieoptionen werden hier die

---

19 Ökologischer Fehlschluss bezeichnet den fehlerhaften Schluss von Aggregatdaten, die Merkmale eines Kollektivs abbilden, auf Individualdaten. Das berühmteste Beispiel hierfür war über lange Zeit die These, dass die vielen Arbeitslosen der Weimarer Republik für die Wahlerfolge der NSDAP verantwortlich gewesen wären. Hier wurde zwischen der auf der Aggregatebene hohen Zahl von Arbeitslosen und der statistisch engen Verknüpfung mit hohen NSDAP-Ergebnissen auf Aggregatebene unzulässiger Weise ein kausaler Zusammenhang gezogen. Betrachtete man hingegen die Zusammenhänge auf der Individualebene (Mikroebene), war ersichtlich, dass in Gegenden mit hoher Arbeitslosigkeit die hohen NSDAP-Wahlergebnisse von der vom Abstieg bedrohten und verängstigten Mittelschicht verursacht wurden. Die Arbeitslosen hingegen wandten sich eher den Kommunisten zu. Folglich sind Rückschlüsse basierend auf Zusammenhängen auf Aggregatebene vom Problem des ökologischen Fehlschlusses bedroht. Eine ausreichende Mikrofundierung ist in diesen Fällen notwendig.

Mobilisierung der bisherigen Unterstützer, die Überzeugung der Unentschiedenen und Erstwähler, sowie die Überzeugung der Unterstützer des Gegners genannt (Hirczy 1995, S. 264). Bereits hier ist erkennbar, dass politisch apathische und desinteressierte Bürger kaum ins Gewicht fallen.

Belege hierfür finden sich beispielsweise darin, dass Parteien „*strategically direct their canvassing efforts to groups with higher turnout rates and higher probabilities to vote for their party*" (Lutz und Marsh 2007, S. 543). Dasselbe bezieht sich auf ganze Wahldistrikte: „*Parties canvass in districts where their support is fairly high and leave out districts with only little support for their parties*" (ebd.). Da sich die Partizipationsraten zwischen Stadtteilen und Stimmbezirken erheblich unterscheiden (Bertelsmann Stiftung 2013a, 2013b, 2013c), ist es die logische Schlussfolgerung, die Gegenden mit besonders niedriger Wahlbeteiligung größtenteils zu ignorieren. Dieses Verhalten ist aus Perspektive der Parteien rational, weil sie nur begrenzte finanzielle und personelle Ressourcen haben und diese daher möglichst stimmenbringend einsetzen müssen (Machin 2011, S. 102). Folglich priorisieren sie und konzentrieren sich auf unsichere Unterstützer und unsichere Gegner, während sie sichere Unterstützer, Gegner und Nichtwähler ignorieren (ebd.). Denn bei letzteren Gruppen wäre ein unverhältnismäßig großer Aufwand für eine vergleichsweise geringe Anzahl ‚gewonnener' Stimmen notwendig. Ferner käme jeder Aufwand bei sicheren Unterstützern einer Verschwendung von Ressourcen gleich.

Dieses Muster zieht sich in der Literatur durch alle Gruppen und Merkmale, die in den Abschnitten zuvor mit Nichtwählern assoziiert wurden: Sozial Benachteiligte werden seltener im Wahlkampf kontaktiert als Wohlhabendere (Gershtenson 2003, S. 293), Jungwähler seltener als Alte (Lutz und Marsh 2007, S. 543) und Minderheiten seltener als die Mehrheitsbevölkerung (Wielhouwer 2000, S. 206).

Außerdem gilt: Wahlkämpfer vor Ort „*look close to home, contacting people they know*" (Brady et al. 1999, S. 164) und verstärken somit den beschriebenen Effekt noch. Dies hat zur Folge, dass Bürger in sozial abgehängten Gegenden noch seltener kontaktiert werden, da hier auch viel weniger Wahlkämpfer wohnen bzw. sich auskennen. In der Folge entstehen sich selbst verstärkende Effekte: Diejenigen Bürger, die sowieso eine hohe Wahrscheinlichkeit aufweisen, an der Wahl teilzunehmen, werden häufiger kontaktiert und gehen daher erst recht häufiger wählen als andere. Dies wiederum macht sie beim nächsten Mal zu noch attraktiveren Zielen, weil sich die anderen Gruppen immer mehr aus dem Prozess verabschieden (Lutz und Marsh 2007, S. 543).

Es gibt demnach überzeugende Belege für die These, dass Wahlkämpfe vor allem für die tatsächlichen Wähler gemacht werden und diese nicht der Struktur der Gesamtbevölkerung entsprechen. Die Interessen der sozial Schwächeren drohen stattdessen aufgrund ihrer massiv unterproportionalen Vertretung in der Wählerschaft unberücksichtigt zu bleiben.

Über die Wahlkampf-Literatur hinaus, besteht allerdings noch weiterer Forschungsbedarf. So gibt es kaum belastbares Wissen darüber, inwiefern sich das inhaltliche Angebot, also z. B. Parteiprogramme und Gesetze, durch die sinkende und damit einhergehende sozial verzerrte Wahlbeteiligung verändern. Es finden sich bisher nur eine Reihe indirekter Hinweise: So ist beispielsweise der Wohlfahrtsstaat in Ländern mit hoher und sozial ausgewogener Wahlbeteiligung stärker ausgebaut als in anderen Ländern. Auch stellt sich die Schere zwischen Arm und Reich in diesen Ländern als kleiner dar (vgl. Kapitel 6). Dies deutet darauf hin, dass eine höhere Wahlbeteiligung auch zu einer Veränderung des politischen Angebots hin zu mehr Umverteilung, d. h. linkeren Positionen führt. Da durch diese Studien Ursache und Wirkung nicht abschließend voneinander getrennt werden können, besteht hier – wie im Bereich der politischen Nachfrage – dringender Forschungsbedarf. Einen Überblick über die Auswirkungen der sinkenden und sozial verzerrten Wahlbeteiligung auf die politische Nachfrage und das politische Angebot gibt Tabelle 4.1.

Tabelle 4.1   Auswirkungen der Wahlbeteiligung auf die politische Nachfrage und das politische Angebot

Auswirkung auf…	Bestätigt?	Anmerkung
Wahlergebnisse	Umstritten	Gegner der These berufen sich auf Umfrage-gestützte Studien Befürworter der These berufen sich meist auf Studien basierend auf amtlichen Aggregatdaten
Wahlkämpfe	Sicher	–
Parteiprogramme, Gesetze	Tendenziell ja, aber unsicher	Kaum gesicherte, direkte Erkenntnisse Unterschiede im Umfang des Wohlfahrtsstaates zwischen Ländern mit hoher und niedriger Wahlbeteiligung weisen auf Auswirkungen hin

Quelle: Eigene Darstellung

4.3 Konsequenzen der sinkenden Wahlbeteiligung

Eine sinkende Wahlbeteiligung führt zur Herrschaft der Wähler über die Nichtwähler

Der intellektuelle Nichtwähler, der bewusst nicht wählt, ist also, trotz häufiger Medien-Präsenz, eher eine Ausnahmeerscheinung. Auch die Thesen bzgl. (herkömmlicher) Zufriedenheit bzw. Unzufriedenheit der Wähler erfassen das Kernproblem sinkender Wahlbeteiligung nicht. Denn die große Masse der Nichtwähler zeichnet sich durch soziale Benachteiligung, geringe Bildung, niedriges Alter, politische Exklusion sowie politische Apathie aus.

„Der typische Nichtwähler sieht Wählen nicht als Bürgerpflicht, wohnt in sozialen Brennpunkten, ist jung und so unpolitisch wie sein Umfeld. (…) Nicht Demokratieverdrossenheit, sondern politische Gleichgültigkeit erklärt, warum sich einkommens- und bildungsschwache Schichten weniger beteiligen" (Bertelsmann Stiftung 2013c, S. 1). Immer stärker verfestigt sich bei diesen Menschen das Gefühl *„politics is not for us"* (Ballinger 2006, S. 7). Nichtwählern stellen sich folglich klare Hindernisse in den Weg, die sich mittels dramatischer Kohorten-Effekte in nachfolgenden Generationen multiplizieren. Einige dieser Hindernisse sind emotional und subjektiv, andere sind ganz praktisch und real. *„The salient point is that they are preventing people from voting for reasons that go beyond mere disinterest, genuine choice or rational calculation"* (Hill 2002, S. 85).

Es lässt sich aber neben dem Effekt der Selbst-Selektion eben auch ein Effekt der Fremd-Selektion (durch die Parteien) feststellen. Auf Gruppen, die nicht wählen, wäre es aus Sicht der Parteien irrational, den Schwerpunkt ihrer Politik oder ihrer Wahlkämpfe zu legen. In der Folge sind zum einen die behandelten Themen im Interesse der sozial privilegierten Wähler. Zum anderen interagieren die Parteien immer weniger mit sozial benachteiligten Bevölkerungsgruppen, was diese im Endeffekt nur noch weiter vom politischen Prozess entfernt. Das wiederum führt möglicherweise zu noch stärkeren Verzerrungen des Wahlergebnisses und zu einer weiteren Abwärtsspirale bzgl. der Wahlbeteiligung und sozialen Gleichheit. Es gilt: *„Where the rich are richer, they dominate politics to a greater degree than where income is distributed more equally"* (Solt 2010, S. 298), d. h. die Prozesse der Selbst- und Fremd-Selektion verstärken sich gegenseitig, die Wahlbeteiligung sinkt weiter und die soziale Ungleichheit sowie die soziale Schieflage der Wahlbeteiligung wachsen weiter an (Brady et al. 1999, S. 164). Insgesamt lässt sich also festhalten: *„If you don't vote, you don't count".*

Die sinkende Wahlbeteiligung gefährdet eine Grundidee
der modernen Demokratie: die proportionale Repräsentation

„Since democracy is based on the principle of political equality and on the promise that each interest must have the same chance of being considered, socially uneven electoral participation calls into question a central component of democracy" (Schäfer 2011b, S. 9). Hinzu kommt, dass sozial Schwache besonders stark von staatlichen Problemlösungen abhängig sind, während wohlhabendere und besser gebildete Bürger vieles aufgrund von Geld, Bildung, Vernetzung oder politischem Engagement auch selber lösen können (Schäfer 2011a, S. 153).

Eine Grundidee der modernen Demokratie, die proportionale Repräsentation, d. h. „das Parlament als repräsentatives Abbild der Volksmeinung" (Merkel und Petring 2011, S. 32), kann somit nicht mehr gewährleistet werden. Arend Lijphart ging sogar so weit und bezeichnete niedrige und sozial problematische Wahlbeteiligungsraten als funktionales Äquivalent zu undemokratischen diskriminierenden Beschränkungen (vgl. Hill 2002, S. 84), wie sie in Deutschland beispielsweise vom preußischen Drei-Klassen-Wahlrecht bekannt sind.

Auch wenn man nicht so weit gehen möchte, dieser Zuspitzung zuzustimmen, zeigt die Forschung eindeutig, dass viele Staaten, auch Deutschland, aufgrund der sozialen Schieflage der Wahlbeteiligung und der daraus anzunehmenden – aber bis dato nur teilweise nachgewiesenen – Nachfrage- bzw. Angebotsverschiebungen der Politik ein demokratisches Defizit besitzen, von dem man ausgehen muss, dass es sich in Zukunft, aufgrund der Kohorteneffekte (vgl. Kapitel 2), noch vergrößern wird. Es gibt überzeugende Belege für die These, dass aufgrund der sinkenden und sozial ungleichen Wahlbeteiligung Politikentwürfe vor allem für die tatsächlichen Wähler gemacht werden. Die Interessen der sozial Schwächeren, die einen großen Teil der Nichtwähler ausmachen, drohen somit unter den Tisch zu fallen. Dies ist historisch gesehen in der Demokratie einzigartig: Denn die „Kräfte, die historisch die Demokratie getrieben haben, stellen sie heute in Frage. Noch zu Beginn des 20. Jahrhunderts war die Demokratie die Antwort auf die soziale Frage. Zu Beginn des 21. Jahrhunderts wird die neue soziale Frage zu einer ihrer größten Herausforderungen" (Bertelsmann Stiftung 2013c, S. 4).

Die Zeit zu Handeln ist also längst gekommen. Bleibt dies aus, ist die Herrschaft des (ganzen) Volkes gefährdet. Im Folgenden stellen wir daher die Frage, welche Möglichkeiten es zur Steigerung der Wahlbeteiligung gibt, wie effektiv sie sind und inwiefern sie in der Lage sind das Kernproblem, die soziale Schieflage der niedrigen Wahlbeteiligung, anzugehen.

Maßnahmen zur Steigerung der Wahlbeteiligung – eine Evaluation

Die bisherigen Kapitel dieses Bandes haben gezeigt, dass die sinkende Wahlbeteiligung ein kommunales, regionales, nationales, europa- bzw. weltweites Phänomen ist (vgl. Kapitel 1). Außerdem wurde deutlich, dass die Wahlbeteiligung immer sozial ungleicher wird, je niedriger sie ausfällt: Nichtwähler sind sozial benachteiligt und jung. Kohorten-Effekte und zunehmend getrennte Lebensumfelder bewirken, dass diese Gruppen immer weiter abgehängt bzw. faktisch von der politischen Partizipation ausgeschlossen werden (vgl. Kapitel 2 und 3). Das ist besonders deshalb so dramatisch, weil die immense und zunehmende soziale Schieflage der niedrigen Wahlbeteiligung mit sehr großer Wahrscheinlichkeit das politische Angebot, also die Programme, Wahlkämpfe und schlussendlich Gesetze zugunsten der sozial privilegierten Bevölkerungsgruppen massiv beeinflusst. Darüber hinaus ist für die Forschung auch eine Veränderung der politischen Nachfrage, d. h. des Wahlergebnisses und somit der Parlamentsmehrheiten und Zusammensetzung der Regierungen, zugunsten der privilegierten Bevölkerungsgruppen denkbar (vgl. Kapitel 4). Dass aus der sinkenden Wahlbeteiligung ein grundlegendes Problem für den Anspruch der Demokratie, die Herrschaft des (ganzen) Volkes darzustellen, erwächst, ist somit offensichtlich. Doch kann man diese Entwicklung aufhalten? Und vor allem: Welche Instrumente böten sich an?

Die Antwort darauf verliert sich häufig in einem vielstimmigen Chor. So wurde zur Steigerung der Wahlbeteiligung bisher eine unüberschaubare Vielzahl von Vorschlägen gemacht. Grob lassen diese sich in vier Maßnahmen-Cluster einordnen: in direktdemokratische Maßnahmen und alternative Partizipationsformen, in zivilgesellschaftliche Maßnahmen, in negative und positive Anreize und in systemische Maßnahmen. In diesem Kapitel sollen diese vier Gruppen von Maßnahmen vorgestellt und bewertet werden. Zentrales Beurteilungskriterium muss aufgrund der vorgetragenen Erkenntnisse sein, inwiefern die jeweiligen Maßnahmen in der Lage sind, dem zentralen Merkmal der sinkenden Wahlbeteiligung, *der soziale Schieflage der niedrigen Wahlbeteiligung*, entgegenzutreten.

5.1 Direkte Demokratie und alternative Partizipationsformen

Ausgangspunkt direktdemokratischer und alternativer Partizipationsformen ist die These, dass Bürger sich verstärkt politisch beteiligen, wenn sie den Eindruck haben, direkt von politischen Entscheidungen betroffen zu sein bzw. direkt an ihnen mitwirken zu können. Wahlen seien hierfür nicht ausreichend, da sie zu selten und mit ihren vielen Themen zu abstrakt seien. Direktdemokratische und alternative Partizipationsformen seien deshalb auch näher an der Lebenswelt der Bürger. Zudem verbrächten beispielsweise junge Menschen sehr viel Zeit im Internet und könnten hierüber folglich am besten politisch mobilisiert werden. Dadurch entstehe eine höhere Bereitschaft auch wählen zu gehen (Bertelsmann Stiftung 2013a, S. 57).

Direktdemokratische und alternative Partizipationsformen lösen nicht das Problem der sozialen Schieflage der niedrigen Wahlbeteiligung
Sicherlich haben direkte Demokratie und alternative Partizipationsformen viele Vorteile und können den Bürger potentiell zielgenauer in seiner Lebenswelt erreichen als Wahlen. Jedoch sind die Befunde im Hinblick auf das identifizierte Kernproblem der Wahlbeteiligung, nämlich die soziale Schieflage, eindeutig: Die neuen Beteiligungsformen sind vor allem für die gebildete und privilegierte Mittelschicht attraktiv (ebd., S. 61). „Je geringer die Entschlossenheit ist, wählen zu gehen, umso unwahrscheinlicher wird es auch, dass sich jemand auf andere Weise politisch engagiert" (ebd., S. 59). Dies gilt nicht nur für Referenden, sondern auch für Bürgerinitiativen, Demonstrationen oder politisches Engagement im Allgemeinen (Bertelsmann Stiftung 2013c, S. 3 f.). Diese Befunde gelten laut Studien in vielen Ländern und sowohl für konventionelle (an Wahlkämpfen teilnehmen, Briefe an Abgeordnete oder Regierende schreiben, Geld spenden, Engagement in der Gemeinde) als auch für unkonventionelle Partizipationsformen (Demonstrationen, Boykotte, Streiks, Hausbesetzungen, Verkehrsblockaden) (vgl. Lijphart 1997, S. 1). Insgesamt scheinen solche Partizipationsformen die „soziale Spaltung nicht (zu) nivellieren, sondern sogar (zu) verschärfen" (Bertelsmann Stiftung 2013c, S. 3 f.).

Genau genommen sind sie aus drei Gründen ungeeignet die soziale Frage der Wahlbeteiligung zu lösen (vgl. Merkel und Petring 2011, S. 22 f.): Erstens sind sie, wie beschrieben, sozial noch exklusiver. Zweitens schließen sich gering Gebildete selbst von der Teilnahme aus, weil sie sich noch mehr als bei Wahlen für nicht kompetent genug halten (ebd., S. 23). Drittens brauchen beispielsweise Referenden Initiatoren. Die notwendigen Kommunikations- und Organisations-Ressourcen haben aber vor allem diejenigen Bürger, die sowieso bereits wählen gehen. Es mangelt den sozial Benachteiligten oft an Kampagnenfähigkeit. Ein Beleg für die sozial noch ungleichere Beteiligung an direktdemokratischen Maßnahmen ist in Studien zu Volksabstimmungen in der Schweiz und in den USA zu finden: Die Abstimmungsergebnisse seien überdurchschnittlich konservativ und entsprächen daher höchstwahrscheinlich nicht den Interessen der sozial Benachteiligten[20] (ebd., S. 23 f.).

Besonderer Fokus auf junge Nichtwähler in prekären Stadtteilen

Die Bertelsmann-Stiftung (2013c, S. 7) schlägt zwei über die bisherigen Maßnahmen hinausgehende Ideen vor, welche zwar aufwendiger sind, aber zugleich innovativere Wege aufweisen[21]. Zum einen setzt die Stiftung auf eine stärkere Einbeziehung der Bürger. Diese könne einerseits durch die bereits diskutierten Bürgerbeteiligungsformate geschaffen, andererseits aber auch zielgerichtet auf die sich wenig beteiligenden Schichten ausgerichtet werden. Hier sollten die „Anstrengungen zur politischen Aktivierung konkret auf einzelne, benachteiligte Stadtteile" (ebd.) gerichtet werden. Den Parteien kommt dabei eine wichtige ausführende Rolle zu, da sie zunächst einmal in vielen dieser Stadtteile wieder Fuß fassen müssten.

Zum anderen solle man neben dieser ‚aufsuchenden Bürgerbeteiligung' die politische Teilhabe stärken. Beispielsweise könne man junge Menschen aufgrund der gestiegenen Quote an Ganztagsschulen leicht erreichen, da sie viel Zeit in diesen Institutionen verbringen würden. Hier könnte ein Ersatz für mangelnde politische Diskussionen im Elternhaus entstehen: Als Beispiele werden Projekte wie Schülerhaushalte, Wettbewerbe wie ‚Jugend debattiert' oder die U18-Wahl ge-

---

20 Ein Paradebeispiel hierfür ist die Proposition 13 in Kalifornien, die per Volksabstimmung festlegte, dass Steuererhöhungen nur mit Zwei-Drittel-Mehrheiten in beiden Kammern des Kongresses verabschiedet werden können und seitdem, trotz steigender sozialer Ansprüche an den Bundesstaat Kalifornien, ihn stark am Handeln hindern. Eine Entscheidung, die – trotz aller Gefahr einer vorschnellen Deutung – wohl kaum von der Mehrheit des gesamten Wahlvolkes so gewünscht gewesen wäre (vgl. Knop (2009)).

21 In einer anderen Studie hält die Stiftung aber zugleich fest: „Wenig vielversprechend erscheint es dagegen, alternative politische Betätigungen allein mit dem Ziel zu fördern, die Angehörigen der unteren sozialen Schichten wieder stärker in den politischen Prozess einzubinden. Oder zumindest lässt sich sagen, dass viele der bisher (neu) entwickelten Verfahren der Bürgerbeteiligung in der Masse noch keine zufriedenstellende Form darstellen, wie Menschen mit geringeren Bildungsabschlüssen und niedrigerem Sozialstatus wieder stärker an Politik herangeführt werden können" (Bertelsmann Stiftung (2013a, S. 61)).

nannt. Wichtig sei bei all diesen Maßnahmen eine Beschränkung auf wenige, dafür aber besonders betroffene Stadtteile.

Die Vorschläge der Bertelsmann-Stiftung erscheinen zwar deutlich vielversprechender, weil sie die wichtigsten Betroffenen unmittelbar aktivieren wollen. Dagegen spricht allerdings, dass sie nur sehr langfristig wirken. Außerdem gibt es bisher keinen empirischen Beweis, ob diese Maßnahmen überhaupt zur Aktivierung der sozial Benachteiligten beitragen. Denn auch in diesen Stadtteilen könnten sich wieder nur die ,üblichen Verdächtigen' beteiligen. Drittens ist es fraglich, ob diese Vorhaben derart in der Breite einsetzbar sind, dass sie spürbare Effekte zeigen.

Abschließend lassen sich die Nachteile direktdemokratischer und alternativer Partizipationsmaßnahmen auch im Kontrast zu Wahlen erkennen: Ein Vorteil von Wahlen ist, dass sie eben nicht so häufig stattfinden. Die Wähler können aufgrund der Weite und Abstraktheit der Themen mittels einfacher Heuristiken (z. B. Ideologie) zu Entscheidungen kommen und den Aufwand bzw. die Kosten für das gesamte Verfahren dadurch sehr gering halten. Dies gilt insbesondere für wenig Gebildete und politisch schlecht Informierte. Häufige Referenden und Bürgerbeteiligungs-Verfahren können für wenig interessierte Bürger einen zu großen (auch kognitiven) Aufwand darstellen – vor allem im Vergleich zu einer Grundsatzentscheidung wie einer alle vier oder fünf Jahre stattfindenden Wahl. Als Folge sind diese Maßnahmen primär Felder für die bereits ohnehin politisch interessierte und sozial privilegierte Mittel- bzw. Oberschicht.

5.2   Zivilgesellschaftliche Maßnahmen

In der Diskussion um eine Steigerung der Wahlbeteiligung werden auch zivilgesellschaftliche Maßnahmen angeführt. Dazu zählen die Forderung nach einer Verbesserung des Rufs politischer Parteien (Keaney und Rogers 2006, S. 6), eine Neubelebung der Parteien auf lokaler Ebene (ggfs. durch öffentliche Gelder) (ebd.), eine verstärkte Unterstützung von Initiativen und Maßnahmen zur Stärkung von Bürgerbeteiligung und politischer Deliberation (ebd.), eine bessere Unterstützung von Bürgern, die sich politisch einbringen wollen (ebd.), Bildungskampagnen zur Bekämpfung politischer Apathie (z. B. durch Werbung für die Wahlnorm) (Saunders 2009, S. 132), eine Stärkung der Zivilgesellschaft und Maßnahmen, die auf die Reduzierung von Armut und Exklusion hinwirken (Keaney und Rogers 2006, S. 6).

Argumente gegen einzelne Punkte sind leicht zu finden. Die meisten erscheinen sehr vage und weisen kaum belastbare Belege auf. Nur exemplarisch soll darauf hingewiesen sein, dass in puncto Zivilgesellschaft die großen Organisationen, die sich „der politischen und ökonomischen Interessenaggregation und -artikulation verpflichtet sehen, immer seltener gewählt" werden (Merkel und Petring 2011, S. 20), während zum Beispiel Nichtregierungsorganisationen zwar beliebter, aber auch deutlich (sozial) selektiver sind (ebd.).

Auf der anderen Seite enthalten diese teils sehr allgemeinen Forderungen allerdings auch vielversprechende Elemente. Aus diesen Ideen sind viele Projekte hervorgegangen, die in ihrem Wirkungskreis Erfolge verzeichnen konnten. Doch zum einen wirken all diese Vorschläge – wenn überhaupt – nur langfristig. Zum anderen ist der ‚große Wurf' von diesen vielen kleinen Maßnahmen kaum zu erwarten. Auch ist ihre Steuerbarkeit sehr fraglich. Beispielsweise würde die angestrebte Reduzierung von Armut und politischer Exklusion sicherlich einen großen Beitrag zur Steigerung der Wahlbeteiligung leisten, doch ist dies weit entfernt von der politischen Realität. Als erfolgsversprechende, aber nur ergänzende Maßnahme ist hingegen die Förderung der politischen Bildung hervorzuheben. Erfolgt diese zielgerichtet auf die politisch apathischen, sozial benachteiligten (potentiellen) Nichtwähler, trägt sie einen wichtigen Beitrag zum Verständnis der Bedeutung der eigenen Stimme und des Wahlakts bei. Politische Bildung könnte einen wichtigen Beitrag gegen das Gefühl *„politics is not for us"* (Ballinger 2006, S. 7) (vgl. Kapitel 4) leisten. Sie ist zudem – im Vergleich zu den anderen Maßnahmen aus diesem Maßnahmen-Cluster – relativ gut steuerbar. Jedoch kann auch politische Bildung nur ein Baustein sein, der andere, bedeutendere, Maßnahmen unterstützt.

5.3 Negative und positive Anreize

Die Literatur weist ebenfalls einige Ideen aus, die mittels der Wirkung negativer oder positiver Anreize zur Steigerung der Wahlbeteiligung beitragen sollen. Wieder steht allerdings die Frage im Raum, ob sie das Problem der sozialen Schieflage der Wahlbeteiligung lösen.

Negative Anreize zur Steigerung der Wahlbeteiligung

Negative Anreize können in kollektiven oder individuellen Strafen bestehen. In einigen Ländern ist bzw. war es üblich, dass Wahlen wiederholt werden müssen, respektive mussten, wenn bestimmte Beteiligungs-Quoren nicht erreicht wurden. Beispiele hierfür sind, bzw. waren Russland, einige Ex-Sowjetrepubliken, Ungarn und Serbien (Birch 2008, S. 14 f.). Die Kosten für die Wahlwiederholung wurden im Anschluss entweder allen Wählern oder (in seltenen Fällen) nur den Nichtwählern aufgebürdet. Dies konnte entweder indirekt durch die Bezahlung der Wahlkosten aus dem Staatshaushalt oder direkt durch eine Art Straf-Steuer geschehen (ebd.).

Die Wirksamkeit dieser negativen Anreize ist jedoch zum einen empirisch nicht nachgewiesen, zum anderen auch theoretisch sehr zweifelhaft. Wahlkosten, die aus dem Staatshaushalt bezahlt werden, werden vom (Nicht-)Wähler wohl kaum als negativer Anreiz angesehen. Strafsteuern für alle oder nur für Nichtwähler sind hingegen potentiell ein größerer Anreiz. Andererseits wirken sie im westlichen Rechtsverständnis leicht kurios und hätten Akzeptanz-Probleme. Außerdem ist fraglich, ob eine kollektive Strafsteuer wegen eines individuellen Vergehens (Nicht-Wahl) tatsächlich einen effektiven individuellen Anreiz zur Wahlteilnahme darstellt. Denn solange man sich nicht sicher sein kann, dass genug andere Bürger zur Wahl gehen, ist die Unsicherheit, ob der ‚Aufwand‘ sich lohnt, möglicherweise zu groß.

Dieses Problem existiert bei negativen Anreizen in Form von Strafen für die individuelle Nicht-Wahl nicht, wie es sie z. B. im Iran, Nordkorea oder bis in die 1990er in Italien gab (ebd., S. 15). Hier müssen bzw. mussten sich Bürger auf finanzielle oder andersartige Sanktionen einstellen, wenn sie nicht zur Wahl gehen bzw. gingen, obwohl es formal keine Wahlteilnahmepflicht gab. Gegenargumente liegen hier auf der Hand. Bei ersteren beiden Staaten (ganz besonders bei Nordkorea) ist die demokratische Qualität des Wahlaktes mehr als nur in Frage zu stellen. In Italien verwundert ein solches Vorgehen – trotz der Erwähnung der Wahlteilnahmepflicht in der Verfassung – umso mehr. Es ist mit dem – zumindest deutschen – Verständnis eines Rechtsstaates kaum in Einklang zu bringen. Wer eine solche Regelung wünscht, sollte besser gleich eine gesetzliche Wahlteilnahmepflicht erlassen (hierzu mehr in Kapitel 6).

Positive Anreize zur Steigerung der Wahlbeteiligung

Dem gegenüber stehen positive Anreize zur Steigerung der Wahlbeteiligung. Hier geht eine Reihe von Ländern eigene Wege und gibt zum Beispiel Lottoscheine für die Teilnahme an Wahlen aus, so z. B. Bulgarien, Norwegen (auf kommunaler Ebene) oder die USA (in einigen Bundesstaaten). In anderen Ländern erhält man leichteren Zugang zu staatlichen Leistungen wie Bildung, staatliche Beschäftigung oder eine Gebührenreduzierung für einige Dienstleistungen (z. B. in Kolumbien) (vgl. Birch 2008, S. 15).

Saunders (2009) plädiert sogar dafür, den Bürgern für ihre Wahlteilnahme direkt vor Ort Geld auszuzahlen. Dies würde – wie gewünscht – insbesondere sozial benachteiligte Gruppen und Jungwähler ansprechen und gleichzeitig keinen Zwang und somit keine Freiheitseinbuße (wie sie bei einer Wahlteilnahmepflicht angenommen wird) bedeuten (ebd., S. 130 ff.). Solche positiven Anreize seien in anderen Gesellschaftsbereichen ein gängiges Mittel, Probleme kollektiver Handlungen zu lösen (ebd., S. 133). Zudem stellen sie eine weiche Art der staatlichen Steuerung dar, die nicht auf Zwang, sondern auf Anreize setzt. Außerdem würden in diesem Modell Nichtwähler die Wähler quasi bezahlen, da das Geld für die Maßnahme aus der Staatskasse kommen würde. Dies würde das Trittbrettfahrer-Problem des Wahlaktes bekämpfen. Somit kämen die positiven Anreize aber zugleich indirekt den Auswirkungen einer de facto Wahlteilnahmepflicht sehr nahe, die man doch eigentlich umgehen wollte.

Die Idee klingt dennoch zunächst durchaus überzeugend. Saunders (2009) weist darauf hin, dass es nicht inhärent verwerflich sei, für die Wahlteilnahme zu bezahlen, da niemand in seiner Wahlentscheidung beeinflusst werde. Dieses Argument klingt nachvollziehbar, auch wenn geprüft werden müsste, ob insbesondere weniger gebildete oder gering interessierte Wähler hierdurch nicht zum Beispiel angeregt würden, sich bei den Regierungsparteien mit ihrer Stimme für das Staatsgeld zu ‚bedanken'. Andererseits könnte es sich um eine Freiheitsbeschränkung handeln, da der Bürger vom Staat zur Wahlteilnahme manipuliert werden soll (ebd., S. 134). Entscheidender ist jedoch, dass erhebliche Mitnahmeeffekte bei gleichzeitig hohen Kosten antizipiert werden müssen, die die Maßnahme sowohl als sehr teuer als auch als sehr ineffizient erscheinen lassen. Erschwerend kommt hinzu, dass dies die Maßnahme politisch schwer durchsetzbar machen würde. Ein Rechenbeispiel am Fall Deutschlands verdeutlicht dies: Bei der Bundestagswahl 2013 waren 61 946 900 Bürger wahlberechtigt (Bundeswahlleiter 2013). Was wäre ein ausreichender Anreiz zur Wahlteilnahme? Zehn Euro würden wohl kaum ausreichen, selbst ärmere Bürger gegen ihren eigentlichen Willen an die Urne zu holen. Nähme man einen Wert von 50 Euro[22] an, ergäbe dies Kosten für den Bundeshaushalt von rund 3,1 Mrd. Euro. Dies scheint zum einen schwer vermittel- und durchsetzbar, um Bürger dazu zu bewegen ihr Wahl*recht* auch tatsächlich wahrzunehmen. Zum anderen müsste diese Idee zum Beispiel mittels einer Wahlsteuer finanziert werden. Dies käme – siehe oben – jedoch wieder nahe an die Auswirkungen einer Wahlteilnahmepflicht heran. Außerdem müsste man bedenken, dass 2013 bei einer Wahlbeteiligung von 71,5 Prozent 2,2 Mrd. Euro als Mitnahmeeffekt schlichtweg ‚verpuffen' würden und nur maximal 0,9 Mrd. Euro tatsächlich dem Zweck dienen würden. Den meisten Politikern fielen für 2,2 Mrd. Euro sicherlich viele sinnvollere Einsatzmöglichkeiten ein.

Insgesamt erscheinen negative Anreize also als recht ungeeignet, die Wahlbeteiligung im Allgemeinen zu steigern, weshalb durch sie auch die soziale Schieflage unverändert bestehen bleibt. Positive Anreize hingegen weisen etliche positive Aspekte auf (insbesondere die Wahl-Prämie), können jedoch recht teuer, ineffizient und sogar (wie kleinere ‚Belohnungen') ggfs. aufgrund ihres geringen Umfangs oder ihres mangelnden Bezugs zur Wahlteilnahme ineffektiv sein.

---

22 Der Betrag ist willkürlich gewählt, erscheint aber intuitiv als ausreichend und zugleich nicht zu hoch gegriffen.

5.4   Systemische Maßnahmen

Eine beinah endlose Liste an Einflussfaktoren weisen die systemischen Maßnahmen auf. Zu den Faktoren dieser Modelle zählen das Wahlsystem bzw. -recht, das Wahlalter, Wahlerleichterungen (z. B. Wochenend-Wählen, Briefwahl, mobile Wahlstationen, usw.), die Zahl der Parteien, das politische System (Uni-/Bikameralismus, präsidentiell/parlamentarisch, usw.), Registrierungs-Regeln, die Häufigkeit und Gleichzeitigkeit von Wahlen, aber auch die Bevölkerungszahl, -stabilität und -homogenität (vgl. Fornos 2004, S. 913 ff.; Geys 2006, S. 637 ff.). Zu diesen Faktoren gehört auch die gesetzliche Wahlteilnahmepflicht.

Insgesamt wird systemischen Faktoren ein sehr großer Einfluss auf die Wahlbeteiligung zugesprochen (vgl. Jackman 1987). Beispielsweise können sie die Unterschiede in der Höhe der Wahlbeteiligung zwischen zwei Ländern bis zu viermal besser erklären als andere Maßnahmen-Cluster (Franklin 1999, S. 206 f.). Dies ist mit Rückgriff auf den rational choice-Ansatz der Wahlforschung, der den Wähler als Kosten und Nutzen des Wahlakts abwägenden Akteur beschreibt, leicht nachzuvollziehen: Macht ein Staat es einem Wähler leicht, sich zu beteiligen und hat seine Stimme ohne größere Verzerrungen (z. B. im Wahlrecht) relativ direkten Einfluss auf die Politik, sind die Kosten der Wahlteilnahme für ihn äußerst gering und der Nutzen besonders hoch. Die Wahrscheinlichkeit, dass sich ein Bürger unter diesen Bedingungen an einer Wahl beteiligt, steigt stark an (ebd., S. 211).

Institutionelle Maßnahmen erweisen sich in der wissenschaftlichen Literatur nicht nur als sehr effektiv, sondern auch als leicht umsetzbar und bereits kurz- bis mittelfristig wirksam. Hirczys (1995, S. 255–272) Fallstudie zu Malta, das auch ohne Wahlteilnahmepflicht durchschnittliche Beteiligungsquoten von über 90 Prozent aufweist, zeigt dies sehr gut auf. So sieht der Autor die Gründe für die hohe Wahlbeteiligung in einem idealen Zusammenspiel sehr vieler die Wahlbeteiligung begünstigender Faktoren: So sei die politische Macht in einer einzigen zu wählenden Institution, dem unikameralen Parlament, vereint. Dies erhöht die Bedeutung seiner Wahl genauso wie der Fakt, dass aufgrund der geringen Landesgröße alle wichtigen politischen Entscheidungen in Folge dieser Wahl getroffen werden. Außerdem sei das Gewicht jeder einzelnen Stimme wegen der geringen Bevölkerungszahl vergleichsweise hoch, der Grad an Wettbewerb zwischen den Parteien (Zwei-Parteien-System trotz Verhältniswahl) und innerhalb der Parteien aufgrund des Wahlrechts besonders ausgeprägt, sowie die parteipolitische Spaltung des Landes besonders intensiv (ebd.). Viele dieser Faktoren sind auf politische oder institutionelle Einflüsse zurückzuführen. Allerdings ist Malta eher ein Einzelfall, weil sein Modell nicht in andere Länder transferiert werden kann. Dies beginnt bei der Landesgröße und geht hin bis zur parteipolitischen Polarisierung des Landes, die, außer durch extreme Sperrklauseln, nicht künstlich erzeugbar ist. Die beeinflussbaren Faktoren sind vor allem institutioneller Natur und können, wie erwähnt, allein die Probleme einer sozialen Schieflage in der Wahlbeteiligung nur mildern, aber nicht lösen. Denn es gibt viele Länder, die eine Vielzahl dieser Maßnahmen bereits umgesetzt haben und dennoch die diskutierten erheblichen Probleme in der Wahlbeteiligung aufweisen – wenn auch vielleicht geringer als in Ländern ohne diese Maßnahmen.

Ein gutes Beispiel hierfür ist Deutschland, das – im internationalen Vergleich – bereits einen Großteil der möglichen institutionellen Verbesserungen umgesetzt hat, dessen Wahlbeteiligung dennoch massiv sinkt und erheblich sozial verzerrt ist. Deshalb gehen auch die Vorschläge, die die deutschen Parteien zuletzt diskutierten, wie die Verlängerung der Öffnungszeiten der Wahllokale oder zusätzliche Standorte für Wahlurnen (vgl. Roßmann 2015) zwar prinzipiell in die richtige Richtung, jedoch sind durch sie alles andere als Quantensprünge in der Wahlbeteiligung zu erwarten.

5.5 Viele Ideen, aber nur eine Lösung für die soziale Schieflage der Wahlbeteiligung

Die Diskussion der verschiedenen Maßnahmen-Cluster zur Steigerung der Wahlbeteiligung ist in Tabelle 5.1 zusammengefasst. Sie zeigt, dass die Wirksamkeit vieler Maßnahmen nicht nachgewiesen ist (kollektive Sanktionen), sie – wenn überhaupt – nur langfristig wirken oder schlecht steuerbar sind (politische Maßnahmen), unter den gegenwärtigen Bedingungen sogar kontraproduktiv wirken (direkte Demokratie, negative Anreize) oder von ihnen eher nur kleine Beiträge, aber keine ‚großen Sprünge‘ zu erwarten sind. Positive Anreize, wie monetäre Belohnungen, wirken zwar etwas vielversprechender, jedoch gibt es auch erheblich Gründe gegen sie. Sie sind ineffizient, teuer und ggfs. ineffektiv. Ihre Sinnhaftigkeit und ihre politische Durchsetzbarkeit sind daher zweifelhaft.

Am vielversprechendsten erscheinen aus der bisherigen Diskussion eher eine vor allem auf die sozial benachteiligten Schichten gerichtete Förderung der politischen Bildung und eine ‚aufsuchende Bürgerbeteiligung‘ in den Problembezirken. Jedoch stellen sie allenfalls eine notwendige, aber bei weitem nicht hinreichende Maßnahme dar.

Andere Maßnahmen, wie die institutionellen Anreize, sind sehr effektiv, kurz- bis mittelfristig wirkend und leicht umsetzbar. Allerdings sind sie in einigen Ländern, wie in Deutschland, schon größtenteils ausgereizt und lassen trotzdem erheblich Partizipationslücken und eine massive soziale Schieflage der Wahlbeteiligung zu.

Tabelle 5.1 Maßnahmen zur Steigerung der Wahlbeteiligung

Kategorie	Art	Beispiele	Vorteile	Nachteile
Beteiligung	*Direkte Demokratie und Bürgerbeteiligung*	• Referenden • konventionelle Beteiligung • unkonventionelle Beteiligung	• Konkrete Themen • Ggfs. direkte Betroffenheit • Ggfs. näher an der Lebenswelt der Bürger	• Hohe soziale Selektivität • „Selbst-Exklusion der Ungebildeten" • Ungleiche Kampagnenfähigkeit • Mittelfristige Wirkung
	Zielgruppenorientierte Beteiligung	• ‚Aufsuchende Bürgerbeteiligung' • Schülerhaushalte, Wettbewerbe, U18-Wahl	• Zielgerichtet auf beteiligungsarme Stadtteile	• Wirksamkeit nicht nachgewiesen • Beteiligung der ‚üblichen Verdächtigen'? • Massen-Potential fraglich • Nur langfristige Wirkung
Zivilgesellschaft	*Am politischen Prozess orientiert*	• Neubelebung und Imagesteigerung der Parteien • Stärkung der Deliberation • Stärkung Zivilgesellschaft • Reduzierung Armut/Exklusion • Zielgerichtete Stärkung der politischen Bildung	• Erhebliches Potential • Chance auf Reduzierung der sozialen Schieflage • Wichtige Grundlage (politische Bildung)	• Vage und unkonkret • Wenig empirische Belege • Schwer umsetzbar • Teils sozial exklusiv (Zivilgesellschaft) • Nur langfristige Wirkung • Notwendige, aber nicht hinreichende Maßnahme (politische Bildung)

Kategorie	Art	Beispiele	Vorteile	Nachteile
Anreize	Negative Anreize	• Kollektiv (Kosten Wiederholungswahl) • Individuell (Strafsteuer) • Individuell (Strafe ohne Wahlteilnahmepflicht)	• Theoretisch: Steigerung der Kosten für Nicht-Wahl • Theoretisch: Anreiz zu sozialer Kontrolle • Kurzfristige Wirkung	• Keine empirischen Belege • Teils keine Wirksamkeit zu erwarten • Akzeptanz-Probleme • Teils rechtsstaatlich bedenklich
	Positive Anreize	• Lottoscheine • Leichterer Zugang zu staatlichen Leistungen • Gebührenreduzierung • Geldauszahlung	• Moralisch akzeptabel • Kein offensichtlicher Eingriff in die individuelle Freiheit • Besonders großer Anreiz für sozial Benachteiligte • Kurzfristige Wirkung	• Ggfs. erhebliche Kosten • Große Mitnahmeeffekte • Ineffizient • Politisch schwer vermittelbar • De facto-Wirkung ähnelt Wahlteilnahmepflicht
Systemisch	Systemische Anreize	• Einfache Registrierung • Briefwahl • Wochenend-Wahl • Zusammenlegung von Wahlen • Wahlteilnahmepflicht	• Kurzfristige Wirkung • Leicht vom Staat steuerbar • Erhebliche Effekte • Reduzierung der sozialen Schieflage	• Reduzierter, aber weiterhin erheblicher Nichtwähleranteil (außer Wahlteilnahmepflicht) • Weiterhin erhebliche soziale Schieflage (außer Wahlteilnahmepflicht)

Quelle: Eigene Darstellung

Eine Lösung für das Kernproblem der sinkenden Wahlbeteiligung wird in diesem Zusammenhang jedoch immer wieder genannt: Die Einführung einer gesetzlichen Wahlteilnahmepflicht. Diese stellt eine in der Literatur intensiv diskutierte Maßnahme dar. Für die Wahlteilnahmepflicht wird angeführt, dass sie ein besonders effektives Mittel zur Steigerung der Wahlbeteiligung sei, das leicht vom Staat ein- und umgesetzt werden könne. Zugleich belaste sie den Bürger nur gering, erschlösse ihm aber gewichtige Vorteile. Sie sei das wohl effektivste Mittel zur Bekämpfung der sozialen Schieflage der niedrigen Wahlbeteiligung (Lijphart 1997, S. 1–14; Merkel und Petring 2011, S. 25 f.). Außerdem könnten die Parteien sich die immensen Kosten für Mobilisierungskampagnen sparen und in die inhaltliche Auseinandersetzung investieren. Politisch apathische oder wenig interessierte Bürger wären durch die erzwungene Wahlteilnahme motiviert, sich politisch zu informieren und ggfs. sogar zu engagieren (vgl. Merkel und Petring 2011, S. 25 f.). Des Weiteren sei nur durch sie die Grundidee des proportionalen Wahlsystems, nämlich die des Parlaments als Spiegelbild der Gesellschaft (weil Wähler gleichbedeutend mit Volk), realisierbar (ebd.). Bereits ihre Einführung in die Verfassung von Staaten könne ein Anreiz für die Entstehung von politischen Bildungsplänen und -programmen sein.

Gegen die Wahlteilnahmepflicht wird auf der anderen Seite angeführt, dass sie einen unzulässigen und erheblichen Eingriff in die Freiheitsrechte der Bürger darstelle und ihr Recht, nicht zu wählen, ignoriere und damit undemokratisch sei (ebd.). Außerdem könnte die Wahlteilnahme von politisch Uninteressierten dazu führen, dass diese willkürlich und/oder extrem wählen würden (Singh 2011, S. 108). Die erwähnten Argumente für und wider die Wahlteilnahmepflicht sollen im Folgenden normativ und empirisch überprüft werden.

Die Wahlteilnahmepflicht   6

Die bisherige Diskussion hat gezeigt, dass die Wahlbeteiligung auf allen Ebenen
sinkt (Kapitel 1), dass sie durch eine erhebliche soziale Schieflage gekennzeichnet
ist, die sich in den kommenden Jahren durch Kohorten-Effekte und durch zunehmend getrennte soziale Lebensumfelder vergrößern wird (Kapitel 2 und 3), dass
hierdurch das politische Angebot und wahrscheinlich auch die politische Nachfrage zuungunsten der sozial Benachteiligten verändert werden (Kapitel 4) und
dass keine vorgeschlagene Maßnahme zur Steigerung der Wahlbeteiligung dieses Kernproblem entscheidend bzw. grundlegend zu beheben weiß (Kapitel 5). Als
einziges vielversprechendes Mittel, um das Problem der sozialen Schieflage der
Wahlbeteiligung anzugehen, wird immer wieder die Einführung einer gesetzlichen Wahlteilnahmepflicht genannt. Sie wird in diesem Kapitel ausführlich vorgestellt und anhand ihrer Vor- und Nachteile, ihrer rechtlichen und normativen
Rechtfertigung sowie ihrer empirischen Konsequenzen analysiert.

6.1 Die Wahlteilnahmepflicht und ihre rechtliche Einschätzung

Zunächst muss grundsätzlich geklärt werden, ob die Einführung einer gesetzlichen Wahlteilnahmepflicht in Deutschland bzw. im europäischen Rechtssystem
überhaupt rechtlich zulässig wäre:

Erstens besteht im deutschen Rechtssystem bisher keine gesetzliche Wahlteilnahmepflicht. Einzig in der baden-württembergischen Landesverfassung heißt es
in Art. 26 Abs. 3: „Die Ausübung des Wahl- und Stimmrechts ist Bürgerpflicht"
(Land Baden-Württemberg 2015). Dies hat jedoch eher deklamatorischen als
rechtlich bindenden Charakter (Schreiber 2002, § 1, Rn 21).

Zweitens verstößt eine gesetzliche Wahlteilnahmepflicht nicht gegen die Menschenrechte. Das hat der Europäische Gerichtshof für Menschenrechte bereits 1971 entschieden (Younger 2006, S. 10). Die Wahlteilnahmepflicht verletze nicht die „*freedom of thought, conscience and religion*", solange nur die Wahlteilnahme verpflichtend sei und der Wähler weiterhin einen leeren oder ungültigen Wahlzettel abgeben könne (ebd.).

Und drittens kann es als gesichert angesehen werden, dass die Aufnahme der Wahlteilnahmepflicht in das Grundgesetz – zum Beispiel in Art. 38, der die Wahlrechtsgrundsätze enthält – zulässig ist. Einer solchen Verfassungsänderung ständen prinzipiell nur die unter der Ewigkeitsgarantie des Art. 79 GG stehenden Grundsätze der Art. 1 und 20 GG entgegen. Es ist jedoch nicht erkennbar, wie die Wahlteilnahmepflicht die Menschenwürde (Art. 1 GG) oder die Demokratie- und Rechtsstaatprinzipien (Art. 20 GG) verletzen würde (vgl. Schreiber 2002, § 1, Rn 21). Das Demokratieprinzip wäre beispielsweise verletzt, wenn es sich nicht mehr um eine freie Wahl im engeren Sinne handeln würde. Das heißt in diesem Fall: „Solange die wirklich geheime Wahl gesichert bleibe und der Wähler unausgefüllte oder ungültige Stimmzettel abgeben könne, wäre in einem bloßen gesetzlichen Zwang, zur Urne zu gehen, kein Verstoß gegen das Gebot freier Wahlen zu sehen" (Berg und Dragunski 1995, S. 241). Die Verfassungsgarantie umfasse somit nur das ‚wie' der Wahlteilnahme, also die Wahlentscheidung. Auch das Rechtsstaatsprinzip ist nicht verletzt (vgl. ebd.). Gegen diese herrschende Meinung in der Rechtswissenschaft gibt es nur wenige Gegenstimmen (vgl. Luchterhandt 1988, S. 498).

Ob allerdings eine einfach-gesetzliche Einführung der Wahlteilnahmepflicht im Rahmen des Grundgesetzes in seiner jetzigen Form zulässig ist, ist äußerst umstritten. Entscheidend ist hierfür der Art. 38 GG, der die Wahlrechtsgrundsätze definiert. Hier ist vor allem fraglich, wie der Grundsatz der Wahlfreiheit auszulegen ist. Würde dieser nur die Wahlentscheidungsfreiheit (d. h. das ‚wie' der Wahlteilnahme) umfassen, wäre eine einfach-gesetzliche Einführung der Wahlteilnahmepflicht wohl problemlos zulässig. Umfasst dieser aber auch die Wahlbeteiligungsfreiheit (d. h. das ‚ob' der Wahlteilnahme), wäre eine Verfassungsänderung nötig (vgl. Dreier 1997, S. 254). Fraglich ist also, ob eine negative Wahlfreiheit im Grundgesetz existiert.

Einige Stimmen in der rechtswissenschaftlichen Literatur interpretieren die Wahlfreiheit so, dass sie „die von Zwang und unzulässiger politischer, wirtschaftlicher und sozialer Einflussnahme freie Präferenzbildung der Wähler" schütze (Münch und Kunig 2012, Art. 38, Rn 39). Sei jeglicher Zwang in diesem Zusammenhang ausgeschlossen, sei auch das ‚ob' der Wahlteilnahme geschützt, denn die Unterscheidung zwischen „angeblich zulässigem Zwang zur Teilnahme und unzulässigem Zwang zur Stellungnahme" überzeuge nicht (ebd.). Dieses Argument wird von anderen Autoren weiter ausgeführt. Schließlich liege „im Wesen eines subjektiven Rechts, dem Grundrechtsqualität zukommt, von ihm nicht Gebrauch machen zu müssen" (Schreiber 2002, § 1, Rn 21). Als Beispiel wird hier die Religionsfreiheit angeführt, die auch das Recht, sich zu keiner Religion zu bekennen, umfasse (Luchterhandt 1988, S. 494).

Dieser Auffassung werden zwei Argumente entgegengehalten: Zum einen habe es das Bundesverfassungsgericht für zulässig erachtet, dass „der Staat, kraft hoheitlicher Anordnung, Private zwangsweise zu öffentlich-rechtlichen Zusammenschlüssen vereinigt, mit der Folge, daß (!) insofern die ‚negative Vereinigungsfreiheit' nicht gilt" (ebd., S. 495). Zum anderen sei fraglich, ob das Wahlrecht, „ein Recht des status activus, nicht anderen Gesetzlichkeiten folgt als grundrechtliche Freiheitsgarantien des status negativus" (Dreier 1997, S. 254). Damit verbunden ist die Auffassung, das Wahlrecht nicht ausschließlich als ein subjektives Grundrecht anzuerkennen. Es sei vielmehr als „organschaftliches Recht" (Luchterhandt 1988, S. 496) anzusehen, das den Bürger beim Wahlakt nicht als „privates Individuum", sondern als „Staatsbürger in öffentlicher Funktion" (ebd.) beschreibe. Der „Bürger erfüllte als Wähler seine staatliche Aufgabe und hatte damit einen von seiner Freiheit als Mensch prinzipiell unterschiedenen Status" (ebd.). Er handelt beim Wahlakt somit als Staatsorgan (vgl. ebd.).

Dieser Auffassung wird entgegnet, dass sie eine überkommene Vorstellung der spätkonstitutionellen Staatsrechtlehre darstelle, die auf einer dualistischen Zwei-Sphären-Vorstellung und somit vom originären Eigenwert des Staates ausgehe (vgl. ebd.). Dies sei abzulehnen, denn der Wähler bliebe beim Wahlakt „freier Mensch und Bürger, der von seinem unveräußerlichen Recht Gebrauch macht, über das mitzuentscheiden, was ihn angeht" (ebd., S. 497).

Andere Autoren erwidern hingegen, dass sich allein aus dem demokratischen Funktionszusammenhang des Wahlrechts zwingend ein organschaftliches Verständnis ergebe, dass die freie Entscheidung des Bürgers nicht mindere (vgl. ebd., S. 496). Denn wenn niemand wählen gehe, könne eine Demokratie nicht funktionieren (vgl. ebd.). Daraus lässt sich folgern, dass der Bürger auch eine gewisse Wahlbeteiligungspflicht besitzt, damit das Gemeinwesen funktionieren kann. Außerdem sei der Eingriff in die Freiheit des Bürgers minimal, da nur seine – mit geringem Aufwand verbundene – Teilnahme erzwungen werde (vgl. ebd., S. 497). Bürger, die dies als unzulässig erachten, da sie alle Parteien ablehnen, sollten ihren Protest durch eine ungültige oder Proteststimme zum Ausdruck bringen, da diese viel leichter als solche zu deuten sei. Eine Wahlenthaltung könne hingegen in vielerlei Richtung interpretiert werden (vgl. ebd.). Auch sei eine etwaige „Freiheit, nicht an der Wahl teilzunehmen, (…) mithin im Prinzip nicht so bedeutend und schutzwürdig, daß (!) es dem Gesetzgeber verwehrt sein könnte, in sie einzugreifen und sie abzuschaffen" (ebd., S. 498). Letztlich verlange der Staat von sei-

Tabelle 6.1   Rechtliche Zulässigkeit der Einführung einer Wahlteilnahmepflicht

Ebene	Zulässigkeit	Argument/Beleg
Europa	Grundsätzlich ja	Kein Verstoß gegen Menschenrechte (EGMR)
Deutschland, Grundgesetz	Ja	Nur Wahl*entscheidungs*freiheit durch ‚Ewigkeitsgarantie' geschützt
Deutschland, einfach-gesetzlich	Umstritten	• Pro Einführung: Stimmabgabe aller Bürger dient dem Erhalt der repräsentativen Demokratie und rechtfertigt Eingriff • Contra Einführung: Grundgesetz schützt auch Wahl*beteiligungs*freiheit

Quelle: Eigene Darstellung

nen Bürgern deutlich belastendere Pflichten, wie (lange Zeit) die Wehrpflicht, die Schulpflicht oder die Steuerpflicht (vgl. ebd., S. 499).

Insgesamt lässt sich also festhalten, dass in Deutschland die Einführung einer Wahl*teilnahme*pflicht per Verfassungsänderung relativ problemlos möglich ist, während sich eine einfach-gesetzliche Umsetzung sicherlich mit offenem Ausgang vor dem Bundesverfassungsgericht wiederfinden würde.

Dieser Überblick (vgl. auch Tabelle 6.1) über die juristischen Kernargumente liefert wichtige Anhaltspunkte für die normative und empirische politikwissenschaftliche Analyse der Wahlteilnahmepflicht. So ist die Frage, ob die Wahlteilnahmepflicht einen unzulässigen, da unverhältnismäßigen Eingriff in die Freiheitsrechte der Bürger darstelle, Dreh- und Angelpunkt der Diskussion. Diese Problematik wird im folgenden Kapitel auch den Kern der normativen politikwissenschaftlichen Diskussion bilden. Damit verbunden ist die Frage, ob der Bürger beim Wahlakt – zugespitzt formuliert – eher als Individuum oder eher als Staatsorgan handelt. Zudem werden Fragen aufgeworfen, die empirisch beantwortet werden müssen, wie etwa die Eignung der Wahlteilnahmepflicht zur tatsächlichen Steigerung der Wahlbeteiligung und zur Verbesserung der sozialen Gleichheit der Wahl.

6.2   Normative Diskussion um die Wahlteilnahmepflicht

Neben der Rechts- dreht sich auch in der normativen Politikwissenschaft die Diskussion vor allem um die Frage, ob eine negative Wahlfreiheit existiert. Im Folgenden werden die zentralen normativen politikwissenschaftlichen Ansätze in Bezug auf die Wahlteilnahmepflicht vorgestellt und analysiert. Zu ihnen gehören der Liberalismus, der Republikanismus, die auf Letzterem aufbauenden Ideen zur Systemrationalität der Wahl und elitär-demokratische Ansätze.

6.2.1 Liberalismus

Die Kernidee des Liberalismus ist, dass die Gesellschaft neutral gegenüber den Zielen und Handlungen ihrer Mitglieder sein sollte, solange diese die Freiheit der anderen Bürger nicht gefährden (Schäfer 2011b, S. 17). Dies hat in Bezug auf die politische Welt die Konsequenz, dass Freiheit hier vor allem negativ definiert ist: Freiheit beginnt dort, wo die Politik endet (ebd.). Der Staat soll also keine Ideologien oder Wertevorstellungen fördern, sondern nur die Bedingungen dafür schaffen, dass die Bürger ihren eigenen Vorstellungen und Werten nachgehen können (Saunders 2009, S. 131 f.). Aus liberaler Sicht muss jede Form von Zwang, wie ihn die Wahlteilnahmepflicht darstellt, zunächst grundsätzlich misstrauisch angesehen werden. Denn an Gesetze, die ein bestimmtes Handeln der Bürger verlangen (Gebote), müssten noch deutlich höhere Anforderungen angelegt werden als an Verbots-Gesetze. Da der liberale Staat keine Wertvorstellungen bevorzugen soll, ist es aus dieser Perspektive auch nur schwer vorstellbar, den Wert politischer Partizipation über andere Werte zu stellen, da das Interesse für Politik sehr unterschiedlich bei den Bürgern ist. *„Even if we thought that everyone would benefit from listening to classical music, we would not force anyone to do so"* (Lomasky und Brennan 2000, S. 63). Zwingt man den Bürgern trotzdem bestimmte Werte auf, würden diese eher in eine Abwehrhaltungen gegen die *„source of oppression"* (Engelen 2007, S. 31) wechseln.

Den liberalen Gedanken in Bezug auf politische Partizipation liegen vier Annahmen zugrunde (vgl. Schäfer 2011b, S. 15): Erstens nimmt der Liberalismus eine individuelle Perspektive hinsichtlich der Wahlbeteiligung ein, innerhalb der der Bürger das Für und Wider der Wahlteilnahme abwäge und sich der Wahl enthalte, wenn die Gegenargumente für ihn persönlich überwiegen würden (ebd.). Zweitens wird davon ausgegangen, dass politische Meinungen vor dem Kontakt mit dem politischen Prozess gebildet werden (ebd.). Drittens hänge das Heil der Demokratie nicht von bürgerlichen Tugenden ab, sondern davon, dass Bürger sich an die Gesetze halten und nicht die Freiheit anderer Bürger bedrohen (ebd.). Aus diesen Überlegungen folgert der Liberalismus seine vierte Annahme: Wählen sei somit ein Recht und keine Pflicht. Wer sich beteiligen wolle, müsse die Freiheit haben, dies zu tun. Wer lieber etwas anderes tun wolle, dem habe der Staat nicht vorzuschreiben, welche von beiden Handlungen wertvoller sei (ebd.). Frei sei der Bürger daher, wenn er Rechte halte, die ihn gegen Einmischung von außen schützten *(Freiheit als Nicht-Einmischung)* und ihm dadurch erlaubten, sich innerhalb seines persönlichen Freiheits-Raums zu entfalten (ebd., S. 16). Dabei ist es unbedeutend, ob ein Bürger diese Freiheit nutzt oder nicht, wichtig ist vielmehr, dass er sie besitzt (ebd., S. 16 f.).

In der Folge zeichnet sich die Wahlfreiheit im Liberalismus vor allem dadurch aus, dass sie eine negative Qualität aufweist: Freiheit wird negativ als Abwesenheit von Einmischung verstanden (ebd., III). Das Wahlrecht beinhalte somit auch das Recht, nicht zu wählen (Birch 2008, S. 43). Ergänzt wird diese Einstellung durch die These, dass eines der wichtigsten Rechte innerhalb einer Demokratie nicht mit Zwang verbunden sein dürfe (Lardy 2004, S. 304). Andernfalls entferne man sich von der Demokratie. Auffällig sei beispielsweise, dass in vielen totalitären Regimen die Wahlteilnahme verpflichtend sei und die Nicht-Wahl als Illoyalität zum Regime gewertet werde (Mayo 1959, S. 320 f.). Wenn der demokratische Staat erst beginne, dem Bürger vorzuschreiben, welche Handlungen wertvoller und welche weniger wertvoll seien, würde er in Richtung eines totalitären Staats abgleiten (Engelen 2007, S. 28 f.). Da der Wahlteilnahmepflicht eine eben solche Wertentscheidung zugrunde liege und sie mit einem Handlungszwang verbunden sei, verneine sie die negative Wahlfreiheit und sei somit abzulehnen.

6.2.2 Republikanismus

Der Republikanismus weist das Freiheitsverständnis des Liberalismus *(Freiheit als Nicht-Einmischung)* zurück. Seine zwei Hauptströmungen definieren *Freiheit als Selbstregierung* (neo-athenische Schule) bzw. *Freiheit als Nicht-Dominierung* (neo-römische Schule) (Schäfer 2011b, S. I und 21).

Der Republikanismus trifft in Bezug auf Freiheit drei Grundannahmen: Erstens könne die individuelle Freiheit sich nur in einem „freien Staat" entwickeln (ebd., S. 20). Dieser sei dann gegeben, wenn die Bürger sich selbst regieren und der Staat den Willen aller Bürger ausführe (ebd.). Zweitens sollten die Bürger in einem freien Staat bürgerliche Tugenden entwickeln, d. h. bereit sein, den Staat gegen externe Bedrohungen zu verteidigen und sich intern an der Selbst-Regierung aktiv zu beteiligen (ebd.). Drittens ist aus republikanischer Sicht nicht jedem bestens gedient, wenn er vor allem seine eigenen Interessen verfolge. Vielmehr sei es ebenfalls wichtig bei seinen Handlungen stets das Allgemeinwohl zu beachten und zu fördern, bevor man individuelle oder sektorale Interessen verfolge (ebd.).

Frei ist der Bürger im Republikanismus also, weil er Mitglied einer Gemeinschaft ist, die ihr Schicksal selbst in die Hand nimmt und an den Entscheidungen dieser Gemeinschaft teilnehmen kann (ebd., S. 18). Ohne aktive politische Partizipation der Bürger sei individuelle Freiheit nicht möglich (ebd.). Daher habe der Staat das Recht, eine Vorstellung einer gerechten Gesellschaft zu entwerfen und bürgerliche Normen zu fördern (ebd.). Wählen ist im Republikanismus somit nicht nur ein Recht, sondern auch eine Pflicht ohne die ein freier Staat nicht gewährleistet werden kann (Younger 2006, S. 12).

Neo-athenische Schule

Die neo-athenische Schule schreibt der politischen Partizipation einen intrinsischen Wert zu und sieht sie gelegentlich auch als Grundvoraussetzung menschlichen Wohlergehens (Schäfer 2011b, S. 1). Eine Demokratie könne nicht ohne eine Bürgerschaft funktionieren, die sich der Gemeinschaft verpflichtet fühle (ebd., S. 18). Daher unterstützt diese Denkrichtung eine gestaltende Politik, die den Bürgern die für die Selbst-Regierung notwendigen Eigenschaften anerziehe (ebd.). Zu diesen Erziehungszielen, gehöre erstens das Gefühl eines moralischen Bandes, dass die Bürger innerhalb der Gemeinschaft verbinde (ebd.). Zweitens geht es dabei um die Bereitschaft, die eigenen Interessen zum Wohle der Gemeinschaft zurückzustellen. Und drittens soll die Fähigkeit gefördert werden, über politische Mittel und Ziele zu debattieren (ebd.). Folglich ist eine gesetzliche Wahlteilnahmepflicht aus Sicht dieser Schule fast schon ein Muss und sollte durch umfassende Programme der politischen Bildung begleitet werden.

Neo-römische Schule

Die neo-römische Schule des Republikanismus geht ebenfalls davon aus, dass individuelle Selbstverwirklichung von kollektiver Selbstbestimmung abhängig ist (ebd., S. 17). Individuen können demnach nur in Freiheit leben, wenn die Gesellschaft dies erlaube. Da die eigene Freiheit also teilweise von der Gesellschaft, in der man lebt, abhängig ist, kann man einen größeren Grad an Freiheit erreichen, wenn man versucht, die Gesellschaft mit zu formen (ebd.). Dies ist aus Sicht der neo-römischen Schule jedoch nur möglich, wenn nicht andere Bürger – aus welchen Gründen auch immer – einen ungleichen Einfluss auf diese Faktoren haben. Mit anderen Worten: Freiheit ist nur dort, wo kein Bürger den anderen dominiert (ebd., S. 19). Das liberale Verständnis von Freiheit als Nicht-Einmischung sei somit unvollständig und unzureichend, da es nicht die Tatsache einbeziehe, dass man jenseits von einem offensichtlichen Einwirken des Staates (oder anderer Bürger) durch diesen bzw. diese dominiert werden kann (ebd.). Ein zugespitztes Beispiel seien hier Sklaven, die von ihren Besitzern größtmögliche Freiheiten bekommen, ohne dass sich die Eigentümer in ihre Belange einmischen. Da sie Eigentum seien und allein durch diesen Fakt ohne jede weitere Handlung der Eigentümer von ihnen abhängig seien, seien sie dennoch unfrei. Abhängigkeiten und der direkt oder indirekt verweigerte Zugang zu gewissen Rechten oder Tätigkeiten bedeutet somit Unfreiheit.

Politische Entscheidungen müssten daher möglichst inklusiv getroffen wer-den, damit jeder die Chance habe, die Entscheidungen des Staates zu beeinflussen (ebd., S. 20). Ist dem nicht so, kann Freiheit korrumpiert werden. Dies ist dann möglich, wenn es politischen Anführern oder Bürgern möglich ist, ihre eigenen Interessen über die der Gemeinschaft zu stellen (ebd.). Bürger können dies tun, indem sie lieber ihren Freizeitinteressen nachgehen, als sich an den gemeinsamen Entscheidungen zu beteiligen (ebd.). Denn in diesem Fall gefährden sie das Ge-meinwohl, da eine exklusive Wahlbeteiligung den politischen Anführern Anreize bietet, Partikularinteressen und nicht das Gemeinwohl zu fördern (ebd.).

Allerdings hätten einige Mitglieder dennoch keinen Willen oder nicht die Fä-higkeit, sich an den Entscheidungen der Gemeinschaft zu beteiligen. Insbesonde-re im Falle limitierter Ressourcen komme dies häufig vor. Somit sei die politische Gleichheit in Gefahr. Denn gerade diejenigen, die am meisten profitieren würden, gehen am seltensten wählen (Birch 2008, S. 51 ff.). Eine absolute Wahlfreiheit sei also von Natur aus nicht gegeben, da diesen Bürgern reelle Hindernisse im Wege stehen würden, die sie am Wählen hindern (Engelen 2007, S. 30). Andere hin-gegen, etwa bedeutende Interessengruppen, hätten das Potential, ungleich stär-ker die Geschicke des Gemeinwesens zu bestimmen (ebd., S. 33). Dies stellt einen überproportionalen Einfluss auf die kollektive und somit auch auf die individu-elle Freiheit dar. Beide Faktoren begünstigen somit Fremd-Dominierung. Um si-cherzustellen, dass sich möglichst wenige Mitglieder des Gemeinwesens aufgrund mangelnder Ressourcen enthalten oder den Reizen der eigenen Interessen nach-geben und somit das Gemeinwohl gefährden, stehen elektorale und konstitutio-nelle Regeln im Fokus der neo-römischen Schule in Bezug auf politische Partizi-pation (Schäfer 2011b, S. 20). Dabei geht es nicht darum, in paternalistischer Weise Bürger bevormundend zu ihrem eigenen Wohl, der Wahlteilnahme, zu zwingen, sondern darum, für die Regierenden maximale Anreize zu schaffen, Po-litiken zum Wohle *aller* Mitglieder der Gesellschaft zu kreieren (ebd., S. 21). Dem-entsprechend sieht die neo-römische Schule in der gesetzlichen Wahlteilnahme-pflicht eine Möglichkeit, „to level the playing field" und dadurch zu größtmöglicher politischer Gleichheit (ebd.). Nur so könne die Dominierung der einen durch die anderen verhindert werden.

Neben der Wahlteilnahmepflicht ermöglicht diese Denkschule so auch die Rechtfertigung weiterer bürgerlicher Pflichten, die dem Gemeinwohl dienen sol-len. Dazu gehören beispielsweise viele in den meisten Gesellschaften anerkann-te Pflichten wie „Schulpflicht, Wehrpflicht, Steuerpflicht, Jurypflicht, Gurtpflicht, Sicherheitschecks am Flughafen, Mülltrennung" oder auch der Zensus (Birch 2008, S. 42 f.). Insbesondere bei der Wehrpflicht, die eine erhebliche Einschrän-kung der individuellen Entscheidungsfreiheit darstellt oder bei der Zensus-Teil-nahmepflicht, die deutlich mehr Daten der Bürger erhebt als es eine Wahl vermag, erscheint es aus Sicht der neo-römischen Republikaner nahezu lächerlich, eine gesetzliche Wahlteilnahmepflicht als unzulässige Beschränkung der Freiheit anzusehen. Außerdem sei das Recht zu wählen ein positives Recht, bei dem es keinen Sinn ergebe, es als negatives Recht anzusehen (ebd.). Der Wahlakt erscheint in diesem Lichte wie bereits in der rechtswissenschaftlichen Diskussion angedeutet, nicht mehr nur als individueller, sondern *auch* als kollektiver Akt (ebd.). Im Wahlrecht muss das Recht auf Nicht-Dominierung somit besonders abgesichert werden (ebd.).

Zwischenfazit: Republikanismus
Beide republikanische Spielarten bieten überzeugende Argumente an, warum die Einführung einer Wahlteilnahmepflicht demokratietheoretisch zu rechtfertigen oder gar wünschenswert wäre. Der neo-athenische Ansatz setzt dabei vor allem auf die transformierende Kraft der Partizipation. Dies muss im empirischen Teil überprüft werden. Deutlich sicherer erscheint aufgrund der bisherigen Erkenntnisse dieses Buches, dass die Freiheit als Nicht-Dominierung bei sozial ungleichen Beteiligungsquoten bedroht ist. Das Leben der sozial Benachteiligten ist demnach keinesfalls frei von Fremd-Dominierung und ist somit insgesamt nicht als frei zu betrachten. Da dies für immer mehr Menschen gilt, deutet sich an, dass die neo-römische Schule äußerst schwergewichtige Argumente zur Rechtfertigung der Wahlteilnahmepflicht liefert.

6.2.3 Systemrationalität

In Verbindung mit den rational choice-Überlegungen zur Systemrationalität wirken die Ideen des Republikanismus überzeugend: Die Thesen zur Systemrationalität halten dem Liberalismus vor, dass Letzterer das Recht auf Wahl- (im Sinne von Handlungs-)freiheit dem Recht auf Chancengleichheit vorziehe (Hill 2002, S. 82). Erstens sei dies abzulehnen. Zweitens treffe dies nicht den eigentlichen Sinn der Wahlteilnahmepflicht: Es gehe dem Staat bei der Wahlteilnahmepflicht vielmehr vor allem darum, die *Möglichkeit,* an der Wahl teilzunehmen, zu schaffen, statt die Wahlteilnahme *selbst* zu fördern. Behindert werde diese Möglichkeit beim freiwilligen Wählen durch die Irrationalität des Systems:
Zunächst ist Wählen in dieser Perspektive nämlich ein Paradoxon, weil die Wahrscheinlichkeit, dass die eigene Stimme von Bedeutung für den Wahlausgang ist, gegen Null tendiert. Somit stehen Kosten und Nutzen der Wahlteilnahme in keinem Verhältnis.
Wenn man zudem die Rationalitätsprobleme der Wahlbeteiligung im freiwilligen System mit den Problemen, die in anderen freiwilligen Systemen kollekti-

ven Handelns entstehen, vergleicht, zeigen sich weitere Schwächen: Beispielsweise würde es in einem freiwilligen Steuersystem für das Individuum keinen Sinn ergeben Steuern zu zahlen, da der geringe individuelle Beitrag keinerlei Auswirkungen auf die eigenen oder fremde Lebensbedingungen hätte, wenn man nicht sicher sein könnte, dass auch alle anderen freiwillig zahlten (ebd., S. 87). Trotzdem wüsste jeder, dass das Steuernzahlen ein unerlässlicher Beitrag zur Gemeinschaft sei. Im Pflicht-Steuersystem hingegen sei es rational zu zahlen, weil man genau wisse, dass die Wahrscheinlichkeit gering ist, dass sich jemand aus der Verantwortung stiehlt (ebd.).

Das gleiche gelte für die Wahlteilnahmepflicht: Viele Menschen seien politisch apathisch, weil sie sich machtlos und ausgeschlossen fühlten. In einem freiwilligen System ist es rational für die Individuen dieser Gruppe dies zu glauben, weil sie wissen, dass ihre Stimme nichts ändern würde, da viele Mitglieder dieser Gruppen nicht wählen würden. Somit drohen ihre (wenigen) Stimmen unterzugehen. Diese Bürger gingen wegen *„perceived and real obstacles, such as exorbitant opportunity costs and insufficient information, not only about the real value of their vote but also about the intentions of other voters"* (ebd., S. 88) nicht zur Wahl. In einem System der Wahlteilnahmepflicht wäre dasselbe Verhalten plötzlich irrational. Hier kann jeder Bürger sicher sein, dass die Menschen aus seiner sozialen Gruppe wählen, weshalb es sich für ihn lohnt, ebenfalls die gemeinsamen Interessen zum Ausdruck zu bringen und zu stärken. Ansonsten würde er sich selbst schaden. *„Compulsion erases both these sets of obstacles; it automatically removes the problem of insufficient information simply by virtue of its existence; meanwhile, the opportunity costs are almost all offset by the state"* (ebd.). Kurz gesagt: *„Mandatory voting rationalizes individual costs and uncertainties because it collectivizes them"* (ebd., S. 87). Hingegen gelte: *„Voluntary voting, on the other hand, makes rational action seem irrational and irrational behaviour seem rational"* (ebd.).

Als Ergebnis wird die Wahlteilnahmepflicht als *„co-ordination necessity in mass societies of individuated strangers unable to communicate and co-ordinate their preferences"* angesehen (ebd.). Der Staat komme – wie im Falle der Schulpflicht – so seiner Verpflichtung nach, eine positive Freiheit zu ermöglichen (ebd., S. 92), indem er versucht *„equality of opportunity regardless of a family's status or resources"* (ebd., S. 92 f.) zu sichern. Die Wahlteilnahmepflicht sei somit demokratietheoretisch geradezu zwingend einzuführen, da sie mit der Chancengleichheit auch einen der wichtigsten liberalen Werte ermögliche (ebd., S. 96). Doch nicht nur die Chancengleichheit im Zugang zur Wahl werde so ermöglicht, sondern auch die soziale Chancengleichheit, da Politiker wieder die Interessen aller Bürger berücksichtigen müssten bzw. könnten. Die Wahlteilnahmepflicht *„enhance(s) democratic legitimacy and collective rationality (by) guaranteeing cooperative behaviour through self-binding in the collective interest"* (Birch 2008, S. 45 f.).

Aufgrund der Bedeutung der Demokratie für die Gleichheit der Bürger und der Seltenheit von Wahlen kann zudem die Eingriffstiefe in die individuelle – zugunsten der kollektiven – Freiheit als äußerst gering (Hill 2002, S. 82) und zu rechtfertigen angesehen werden (Engelen 2007, S. 30 f.).

6.2.4 Elitär-demokratische Perspektiven

Andere normative Forscher argumentieren im Sinne einer elitär-demokratischen Tradition (vgl. Merkel und Petring 2011, S. 22 ff.). Sie hinterfragen zunächst die Gründe der Nichtwähler für ihre Enthaltung und folgern dann daraus, dass ihre individuelle Entscheidung zur Enthaltung auch die beste für das Gemeinwesen sei.

Einige Forscher halten die Wahlenthaltung der meisten Nichtwähler aufgrund des niedrigen Niveaus an politischem Interesse und Wissen für die beste Entscheidung, die diese Bürger treffen können. Da sie zwar unter Zwang an der Wahl teilnehmen würden, aber weiterhin nicht wüssten, wie sie ihre Stimme einsetzen sollten, könnte dies zu einem Anstieg der Protest-Stimmen, der ungültigen Stimmen sowie der Stimmen für extreme oder marginale Parteien führen (Engelen 2007, S. 28 f.). *„The honest, who stays away out of conscience, is punished"* (Bennett 2005, S. 8). Die Wahlteilnahme dieser Bürger würde aber nicht nur der Gemeinschaft durch derartige Entscheidungen schaden, sondern auch den Bürgern selbst nicht aus ihrer Lage helfen, weil sie wegen mangelndem Wissen nicht fähig wären (Saunders 2009), eine ihren Interessen entsprechende Wahlentscheidung zu treffen (Birch 2008, S. 51 f.). Sie wüssten oftmals schlichtweg nicht, was eine Entscheidung beinhalte und wie sie sich auf sie auswirke (Saunders 2009). *„It may well be wiser to leave them to cultivate their private gardens, and to rely merely upon the experience of democracies that there is always in fact a wide enough interest in politics and voting to work the political machinery"* (Mayo 1959, S. 321). Außerdem würden so mehr Entscheidungen von denjenigen Bürgern getroffen, die auch tatsächlich von ihnen betroffen sind, da ihr Anreiz zur Wahlteilnahme höher sei (Saunders 2009). Es sei unverständlich, warum *„those who are unequally affected by a decision ought nonetheless to have equal votes"* (ebd.). Unter diesen Bedingungen bestehe sogar eine moralische Pflicht, nicht zu wählen (ebd.).

Abgesehen davon, dass es bei allgemeinen Wahlen um eine unüberschaubare Vielzahl von Entscheidungen geht und nicht um einzelne Fragen, von denen man mehr oder weniger betroffen sein kann, sind diesen Auffassungen gewichtige Argumente entgegenzuhalten:

Die elitäre Grundhaltung, die vielen dieser Thesen zugrunde liegt, ist kaum mit dem freiheitlich-demokratischen Grundverständnis des Grundgesetzes und der meisten anderen demokratischen Verfassungen in Einklang zu bringen. Beispielsweise aus letztgenannten Forderungen, nach Einfluss gemäß Betroffenheit und der Unterstellung, dass sozial benachteiligte Wähler sowieso nicht wüssten, was sie (beim Wahlakt) tun, ließe sich auch eine Rechtfertigung für das preußische Drei-Klassen-Wahlrecht ersinnen. Denn wer mehr Steuern zahlt, ist auch stärker von politischen Entscheidungen betroffen. Außerdem verbietet es sich in einer normativen Diskussion, polit-strategische Überlegungen, wie bzgl. der Zuwächse für bestimmte Parteien, einzubeziehen (Engelen 2007, S. 29), auch wenn dies bei einer Debatte um die tatsächliche Einführung der Wahlteilnahmepflicht sicher eine große Rolle spielen würde. Insbesondere deshalb wird der Frage, welche Parteien von der Wahlteilnahmepflicht profitieren würden, im empirischen – aber eben nicht im normativen – Teil dieses Kapitels nachgegangen. In dem Zusammenhang ist es übrigens zweifelhaft, ob tatsächlich die Wahlteilnahmepflicht mögliche Stimmengewinne rechter Parteien zu verantworten hätte. Denn oftmals erreichen diese Parteien Stimmenzuwächse bei besonders *niedriger* Wahlbeteiligung (Labrenz 2011, S. 218). Ferner muss es Bürgern auch möglich sein, gemäß ihrer ggfs. extremen Einstellungen abzustimmen (Engelen 2007, S. 29). Letztlich könnte man auch die Behauptung, die Wahlteilnahmepflicht führe zu mehr Protest-Stimmen, gegen das freiwillige Wahlsystem wenden: Wenn dem so wäre, würde hier das Ausmaß des in der Bevölkerung vorhandenen Protests gar nicht erst sichtbar (ebd.).

Insbesondere zum Protest-Potential der bisherigen Nichtwähler gibt es eine Anzahl weiterer Thesen. Forscher sehen in der bewussten Wahlenthaltung vor allem eine Ablehnung aller Parteien und somit einen Protest. *„Turnout provides us with a good barometer of public disaffection"* (ebd.). Eine Wahlteilnahmepflicht würde diesen Protest nur überdecken, ihn aber nicht bekämpfen und durch den Zwang weitere Abneigung schaffen (Birch 2008, S. 49 f.). Gleiches gelte für mangelndes politisches Interesse und das Gefühl sozialer Ausgrenzung (Schäfer 2011b, S. 14). Die Wahlteilnahmepflicht stelle insofern ein Versagen der Demokratie dar (vgl. Bennett 2005, S. 7 ff.).

Dem ist entgegenzuhalten, dass eine sinkende Wahlbeteiligung mit guten Gründen *gleichzeitig* als (stillschweigende) Zufriedenheit und als Unzufriedenheit der Bürger mit der Demokratie oder dem politischen Angebot interpretiert werden kann (Engelen 2007, S. 31). *„This plurality of interpretations shows that abstaining is a bad strategy to express one's opinion in public life or to send a message to the politicians. Actively casting a protest vote in a system with compulsory voting is easier to interpret"* (ebd.). Außerdem muss erst empirisch nachgewiesen werden, ob die Wahlteilnahmepflicht tatsächlich keinen positiven Einfluss auf das politische Interesse und das Gefühl (und die Tatsache) sozialer Exklusion hat. Fallen diese Argumente ebenfalls weg, ist diese Position nicht zu halten.

Zwischenfazit: Elitär-demokratische Perspektiven

Die normativen Überlegungen des elitär-demokratischen Forschungsstrangs können somit als entweder wenig demokratisch, unbegründet oder unzutreffend eingeordnet werden. Einige ungeklärte Thesen, wie die Frage, ob die bisherigen Nichtwähler ihre Stimme sinnvoll nutzen und ob bestimmte Parteien davon überproportional profitieren, müssen im empirischen Teil jedoch noch genauer untersucht werden.

6.2.5 Fazit

Die Diskussion hat gezeigt, dass es zum Thema Wahlteilnahmepflicht in der demokratietheoretischen Debatte drei wesentliche Forschungsstränge gibt: den Liberalismus, den Republikanismus und elitär-demokratische Ansätze. Die Überlegungen zur Systemrationalität lehnen sich eng an den Republikanismus an. Eine Übersicht bietet Tabelle 6.2.

Während die elitär-demokratischen Perspektiven nicht zu überzeugen wissen, konnte der Liberalismus vor allem intuitiv starke Argumente, wie die negative Wahlfreiheit (die Freiheit, nicht zu wählen), in die Debatte einbringen und sie für viele Forscher auch dominieren. Die Ideen des Republikanismus – und hier insbesondere der neo-römischen Schule – haben aber gezeigt, dass ein alternativer Freiheitsbegriff *(Freiheit als Nicht-Dominierung)* tendenziell noch mehr zu überzeugen weiß. Dies gilt ganz besonders in Verbindung mit den rational choice-Überlegungen zur Systemrationalität, weil diese drastisch vor Augen führen, dass das System der freiwilligen Wahlteilnahme vor allem Irrationalitäten induziert.

Aufgrund der Bedeutung der Demokratie für die Gleichheit der Bürger und der Seltenheit von Wahlen kann zudem die Eingriffstiefe in die individuelle – zugunsten der kollektiven – Freiheit als äußerst gering (Hill 2002, S. 82) und zu rechtfertigen angesehen werden (Engelen 2007, S. 30 f.). Es ist dabei nicht unbedingt zu erwarten, dass sich die ‚gezwungenen‘ Wähler nun besser informieren oder den Zwang gut heißen, „doch würde es dennoch ihr Recht auf non-domination stärken" (Lardy 2004, S. 320), weil sie nun sicher sein könnten, dass ihre Stimme von Bedeutung ist und dass die Politik nun auch auf ihre Interessen achten müsste.

Des Weiteren ist das freiwillige System bisher durch die Abwärtsspirale der sozialen Ausgeschlossenheit mit dafür verantwortlich, dass die Kluft zwischen bestimmten Gruppen von Bürgern und der Politik gewachsen ist (vgl. Engelen 2007, S. 31 f.). Außerdem würden wichtige (liberal-)demokratische Elemente wie die Volkssouveränität, Repräsentativität, inklusive Partizipation und demokratische Legitimität gestärkt. *„The harm of restricting the (individual) freedom to abstain is outweighed by the (collective) benefits"* (Hill 2002, S. 82).

Tabelle 6.2   Normative Perspektiven zu Partizipation und Wahlteilnahmepflicht

Normativer Ansatz	Freiheitsbegriff	Kernargumente
Liberalismus	Freiheit als Nicht-Einmischung	• Staat soll keine bestimmten Ideologien oder Wertvorstellungen fördern • Individuum wägt Argumente über Wahlteilnahme frei ab • Wählen ist Recht und nicht Pflicht • Es gibt ein Recht, nicht zu wählen
Republikanismus	Freiheit als Selbstregierung (neo-athenisch) oder Freiheit als Nicht-Dominierung (neo-römisch)	• Individuelle Selbstverwirklichung nur durch kollektive Selbstbestimmung • Bürgerliche Tugenden sind zu fördern • Jede Handlung sollte das Allgemeinwohl beachten • Politische Partizipation hat intrinsischen Wert (neo-athenisch) • Politische Partizipation schützt vor Fremd-Dominierung (neo-römisch) • Wählen ist nicht nur Recht, sondern auch Pflicht
Systemrationalität	Rational Choice-Perspektive angelehnt an: freedom as non-domination	• Wahlenthaltung ist logische Konsequenz eines Systems, dass irrationales Verhalten induziert • Wahlteilnahmepflicht ist Koordinierungs-Notwendigkeit aufgrund von Informations- und Kommunikationsproblemen
Elitär-Demokratisch	Nicht explizit diskutiert	• Uninformierte schaden der Gemeinschaft • Uninformierte haben moralische Pflicht zur Nicht-Wahl • Meinung informierter und betroffener Bürger sollte höheres Gewicht haben • Wahlzwang führt zu Zunahme von Protest-, ungültiger und extremer Stimmen

Quelle: Eigene Darstellung

6.3   Die empirischen Belege einer Wahlteilnahmepflicht

Nachdem in den vorangehenden Kapiteln dargelegt wurde, dass die Einführung einer gesetzlichen Wahlteilnahmepflicht rechtlich und normativ zu rechtfertigen wäre, soll nun eine Analyse der empirischen Literatur Aufschluss darüber geben, in welchen Ländern die Wahlpflicht existiert, welche Auswirkungen sie auf die Wahlbeteiligung hat, welche Form der Ausgestaltung notwendig ist, damit sie die angestrebten Ziele erreicht und welche politischen Konsequenzen eine Einführung hätte.

6.3.1 Länder mit Wahlteilnahmepflicht

Die Anzahl der Länder, die eine gesetzliche Wahlteilnahmepflicht besitzen, ist nicht eindeutig zu definieren, da zum einen die Ausgestaltung dieser Regelung stark schwankt, zum anderen der demokratische Charakter mancher Länder nicht eindeutig zu klären ist. Insgesamt kann die Zahl in etwa auf 31 Länder mit über 700 Millionen Einwohnern geschätzt werden (IDEA 2012). Eine Übersicht hierzu ist in Tabelle 6.4 zu finden. Konsens besteht zumindest größtenteils darin, dass in folgenden Ländern eine Form der Wahlteilnahmepflicht besteht: Ägypten (für Männer), Argentinien, Australien, Belgien, Bolivien, Brasilien, Chile, Zypern, Ecuador, Griechenland, Luxemburg, Nauru, Singapur, Thailand und Uruguay. Weitere Länder haben formell eine Wahlteilnahmepflicht, zum Beispiel in der Verfassung, de facto spielt diese aber kaum eine Rolle. Dazu gehören: Costa Rica, die Dominikanische Republik, Fiji, Honduras, Italien, Liechtenstein, Mexiko, Paraguay, Peru und die Türkei. Insgesamt ist also in etwa jeder fünfte Bürger einer elektoralen Demokratie zur Wahlteilnahme in einer gewissen Weise rechtlich verpflichtet (ebd.). Andere Quellen nennen noch weitere Staaten wie Gabun, Guatemala, Kongo (DR), Libanon oder Panama und Regionen wie das Kanton Schaffhausen in der Schweiz (ebd.). Auffällig ist hier, dass die meisten süd- und einige mittelamerikanische Länder dazugehören. In diesen Regionen scheint die Wahlteilnahmepflicht sogar teilweise die Regel und nicht die Ausnahme zu sein. Interessant und oftmals überraschend aus deutscher Perspektive ist, dass mit den Niederlanden, Belgien, Luxemburg, der Schweiz und Österreich die Mehrheit unserer Nachbarländer die Wahlteilnahmepflicht praktiziert oder langjährige Erfahrungen damit aufweist.

6.3.2 Effekt auf Wahlbeteiligung

Länder mit Wahlteilnahmepflicht weisen im Allgemeinen bereits auf den ersten Blick hohe Wahlbeteiligungen auf, wie etwa Australien mit durchschnittlich 94,5 Prozent in 24 Wahlen seit 1946, Belgien mit 92,7 Prozent in 19 Wahlen seit 1946 (Bennett 2005, S. 13) oder die Niederlande bis zur Abschaffung der Wahlteilnahmepflicht 1971 mit durchschnittlich 94,7 Prozent (ebd., S. 1). Dies deutet bereits daraufhin, dass die Wahlteilnahmepflicht sehr wahrscheinlich zu hohen Beteiligungsquoten führt. Auch diejenigen Studien, die gezielt die Auswirkungen der Wahlteilnahmepflicht auf die Wahlbeteiligung messen, zeichnen ein eindeutiges Bild: Die Wahlteilnahmepflicht steigert die Wahlbeteiligung signifikant.

Jedoch schwankt die Effektstärke zwischen den Studien teils deutlich. So berichtet Franklin (1999) von einem durchschnittlichen Anstieg der Wahlbeteiligung von ‚nur‘ sechs bis sieben Prozent. Andere Studien weisen Effekte von bis zu 30 Prozentpunkten auf (Hirczy 1994, S. 65). Dabei unterscheidet sich die Literatur sehr nach ihrer Vorgehensweise. Einige Studien, wie Franklins, behandeln die Wahlteilnahmepflicht als dichotome Variable. Andere differenzieren nach Ländern mit strikter Durchsetzung *(enforcement)* der Wahlteilnahmepflicht und Ländern mit schwacher bis keiner Durchsetzung. Eine weitere Gruppe von Studien vergleicht Unterschiede innerhalb von Ländern mit Wahlteilnahmepflicht.

Wahlteilnahmepflicht als dichotome Variable
Einige Studien, die die Wahlteilnahmepflicht als dichotome Variable behandeln (d. h. ‚vorhanden‘/‚nicht vorhanden‘), weisen die geringsten Effektstärken auf. Neben Franklins sechs bis sieben Prozent, finden Blais und Dobrzynska einen Unterschied von rund elf Prozent (1998, S. 246) und Jackman rund 13 Prozent (Jackman 1987, S. 415) bzw. 15 Prozent (Jackman und Miller 1995, S. 474) und Fornos 16,5 Prozent (vgl. Lijphart 1997, S. 8). Jedoch nähern sich diese Studien im Sinne eines *one-size-fits-all*-Stils viel zu undifferenziert den verschiedenen Wahlteilnahmepflicht-Regimen. Daher sind sowohl hohe als auch niedrige gemessene Effektstärken mit Vorsicht zu betrachten.

Die Bedeutung des enforcement
Ganz wesentlich hängt der Effekt der Wahlbeteiligung nämlich von der Art und Weise des *enforcement* ab (vgl. Schäfer 2011b, S. 3). *„Countries with strict enforcement show consistently high turnout rates"* (ebd., S. 4). Beispielsweise sei die Wahlbeteiligung in Ländern mit besonders strikter Umsetzung durchschnittlich um 24 Prozentpunkte höher als in Ländern ohne Wahlteilnahmepflicht (vgl. ebd.). Je nach Konsequenz der Operationalisierung können allerdings auch deutlich geringere Werte, wie etwa zehn Prozent (vgl. ebd., S. 5) oder 13 Prozent (Blais et al. 2003, S. 8) ausgewiesen werden. Erstere Ergebnisse wirken allerdings nicht nur wegen einer meistens nachvollziehbareren und konsequenteren Operationalisierung besonders valide, sondern auch, weil die Länder dieser Gruppe ansonsten nur wenige Gemeinsamkeiten haben. Dazu zählen *„one of the richest countries in the world (Luxembourg) as well as relatively poor ones (Nauru and Peru), but also a majoritarian democracy (Australia) as well as a consensus democracy (Belgium)"* (Schäfer 2011b, S. 4).

Der Unterschied zwischen Ländern mit schwachem oder keinem *enforcement* und Ländern ohne Wahlteilnahmepflicht ist deutlich geringer. Allerdings zeigen einige Studien, dass allein die Existenz der Wahlteilnahmepflicht, selbst ohne jede reelle Strafbedrohungen, in diesen Ländern zu durchschnittlich sechs Prozent höherer Wahlbeteiligung führt (Engelen 2007, S. 27). Die Existenz eines signifikanten Unterschiedes selbst zwischen diesen Gruppen bestätigen weitere Studien

(Schäfer 2011b, S. 4). Andere bestreiten dennoch jeglichen Effekt einer symbolischen Wahlteilnahmepflicht (Blais et al. 2003, S. 8). Insgesamt deuten die Ergebnisse aber daraufhin, dass Länder mit Wahlteilnahmepflicht eine höhere Wahlbeteiligung aufweisen und diese wesentlich von der Striktheit des *enforcement* abhängt (Blais 2006, S. 113).

Wahlteilnahmepflicht in within country-Studien
Besonders überzeugend wirken die Ergebnisse, die Studien liefern, die sich mit Wahlteilnahmepflicht-Effekten innerhalb eines Landes beschäftigen. Da – wie in Kapitel 1 beschrieben – der größte Unterschied in der Wahlbeteiligung schlichtweg der Unterschied *zwischen* verschiedenen Ländern ist, können auf diese Weise Einflüsse anderer Variablen auf die Varianz der Wahlbeteiligung größtenteils ausgeschlossen werden.

Ein viel zitiertes Beispiel sind die Niederlande, die bis vor der Wahl 1971 eine gesetzliche Wahlteilnahmepflicht hatten. Von der letzten Wahl mit Wahlteilnahmepflicht zur ersten Wahl ohne Wahlteilnahmepflicht sank dann jedoch die Wahlbeteiligung schlagartig um elf Prozent. Danach fiel sie weiter und liegt nun 21 Prozent unter dem Wert von 1967 (Schäfer 2011b, S. 7). Eine andere Studie nutzte hingegen Individualdaten, um theoretisch zu erfragen, wer in Brasilien nicht zur Wahl gehen würde, wenn es erlaubt wäre. Auch wenn das Ergebnis aufgrund methodischer Bedenklichkeit[23] zu hinterfragen ist, ist es mit einem potentiellen Absinken um mehr als 30 Prozent drastisch (vgl. Power und Roberts 1995, S. 796 ff.). Ein weiteres gutes Beispiel ist die Schweiz: Hier weist der einzige Kanton mit Wahlteilnahmepflicht (Schaffhausen) eine um durchschnittlich 20 Prozent höhere Wahlbeteiligung als die anderen Kantone auf (Schäfer 2011b, S. 6). Dasselbe gilt für Österreich. Hier erzielten Bundesländer wie Tirol, die Steiermark oder Kärnten in Zeiten der Wahlteilnahmepflicht bei denselben Wahlen konsistent deutlich höhere Beteiligungsquoten als Bundesländer ohne diese Regelung (ebd.).

Bei alldem ist zu beachten, dass es sich vorrangig um Hoch-Beteiligungs-Wahlen handelt. Bei sogenannten *second-order*-Wahlen, wie beispielsweise Europawahlen, Landtags- oder Kommunalwahlen, sind die Effekte noch erheblich größer. Der Vergleich zwischen den Wahlbeteiligungsraten bei der Europawahl 2014 von über 90 Prozent in Belgien und Luxemburg gegenüber durchschnittlich 42,5 Prozent europaweit (Europäisches Parlament 2014) ist hier ein wichtiger Indikator für die Effektivität der Wahlteilnahmepflicht. Zudem zeigen Studien, dass die Wahlbeteiligung in Ländern, die die Wahlteilnahmepflicht abgeschafft haben, zwar zunächst höher liegt als in Ländern, die nie eine Wahlteilnahmepflicht hatten, diese

---

23 Die Validität der Ergebnisse muss zumindest bezweifelt werden, weil die Frage, ob man ohne Wahlpflicht nicht zur Wahl gehen würde, sehr hypothetisch ist.

jedoch kontinuierlich sinkt. Dies ist in Wahlteilnahmepflicht-Ländern nicht der
Fall (Engelen 2007, S. 27). Die Wahlteilnahmepflicht scheint also die Wahlbeteiligung auch zu stabilisieren.

Zwischenfazit: Effekte einer Wahlteilnahmepflicht auf die Wahlbeteiligung

Mit größtmöglicher Wahrscheinlichkeit lässt sich also sagen, dass die Wahlteilnahmepflicht die Wahlbeteiligung erheblich steigert und diese auf hohem Niveau
konsolidiert. Besonders groß ist der Effekt vor allem in den letzten Jahren und ferner ganz allgemein in nachrangigen Wahlen. Abhängig ist der Effekt vor allem von
der Striktheit des *enforcement*.

Kritisch anzumerken ist jedoch, dass kaum eine Studie detaillierter erläutert,
von welcher Berechnungsgrundlage sie bei der Wahlbeteiligung ausgeht. Hier ist es
ein erheblicher Unterschied, ob die offiziellen Statistiken den Anteil der Wähler an
der *voting-age-population* (VAP), an der *voting-eligible-population* (VEP) oder gar
an der *registered-voter-population* (RVP) messen. Erstere umfasst alle Bürger im
Wahlalter eines Landes. Also auch Ausländer und Bürger ohne Wahlrecht. Die VEP
umfasst alle wahlberechtigten Bürger, was in Ländern mit hohem Migranten-An-
teil ein erheblicher Unterschied sein kann. Zur RVP gehören nur die registrierten
Wähler, was bei hohen Zahlen an Nicht-Registrierten wie in den USA, erhebliche
Verzerrungen hervorrufen kann. Aus den beeindruckenden 94–96 australischen
Prozent (RVP) Wahlbeteiligung werden so nur noch 81–84 Prozent (VAP) (Younger
2006, S. 27 f.). Als Folge kann es sein, dass trotz sehr hoher Beteiligung der registrierten Wähler, wichtige Bevölkerungsgruppen nicht repräsentiert werden. In diesem Falle hätte die Wahlteilnahmepflicht nur einen begrenzten Nutzen.

Methodisch heißt dies, dass Studien zur Wahlbeteiligung kritisch hinsichtlich
dieser Unterscheidung betrachtet werden müssen (vgl. Blais et al. 2003, S. 3). Dennoch muss dies nicht zwangsläufig die Wirksamkeit der Wahlteilnahmepflicht in
Frage stellen. Denn die Unterschiede zwischen den einzelnen Zählweisen basieren
meist auf grundsätzlichen politischen Entscheidungen und sind oft unabhängig
von der Existenz der Wahlteilnahmepflicht. So ist die Frage, wie leicht der Zugang
zur Staatsbürgerschaft und somit zum Wahlrecht oder die Frage, wer vom Wahlrecht ausgeschlossen wird, hier der entscheidende Faktor. Dennoch sollten die
unterschiedlichen Zählweisen mehr Beachtung finden, da sie Erklärungen darüber geben können, warum in manchen Ländern – trotz Wahlteilnahmepflicht –
die Interessen bestimmter Bevölkerungsteile nicht ausreichend beachtet werden.
Inhaltlich lässt sich daraus folgern, dass eine Wahlteilnahmepflicht mindestens
mit einer Registrierungspflicht, wenn nicht gar mit einem offenen Einbürgerungs-
bzw. Wahlrecht einhergehen sollte (Ballinger 2006, S. 11).

Eine weitere Einschränkung zu den vorgestellten Ergebnissen ist, dass der be-
obachtete Effekt sich mit den Auswirkungen anderer systemischer Maßnahmen,

wie Wochenend-Wählen oder automatischer Wähler-Registrierung, überschneiden kann (Engelen 2007, S. 26). Jedoch ist hier zu beachten, dass auf die Einführung der Wahlteilnahmepflicht meistens auch die Einführung vieler wahlerleichternder Maßnahmen als Reaktion folgte. Folglich setzt die Wahlteilnahmepflicht der Politik auch einen hohen Anreiz, die Wahlteilnahme so unkompliziert und bürgerfreundlich wie möglich zu machen.

Im Kontext der Überlegungen des *rational-choice*-Ansatzes zur Wahlbeteiligung, sind die großen Effekte der Wahlteilnahmepflicht nicht als überraschend anzusehen. Denn angesichts der geringen Kosten der (seltenen) Wahlteilnahme und dem hohen Nutzen steigen die Kosten der Nicht-Wahl bei striktem *enforcement* erheblich an (Panagopoulos 2008, S. 455 ff.). Die Wahlteilnahme wird rational. *„In fact, under strict compulsory rules, it becomes paradoxical not to vote"* (Singh 2011, S. 96).

6.3.3 Modelle der Wahlteilnahmepflicht

Typologie der Wahlteilnahmepflicht

Die Wahlteilnahmepflicht wird als *„system of laws mandating that enfranchised citizens turn out to vote, which is usually, though not always, accompanied by a system of compulsory voter registration"* definiert (Younger 2006, S. 9). Hinzu kommt in einigen Ländern ein umfassendes *enforcement*-Regime (ebd.). Wie beschrieben, hängt die Effektivität der Wahlteilnahmepflicht davon ab, ob auch die Wählerregistrierung verpflichtend ist und davon, ob das *enforcement*-Regime funktioniert und umfassend ist (ebd., S. 6).

Auf Grundlage dieser Überlegungen lassen sich die Modelle der Wahlteilnahmepflicht in einer einfachen Typologie zusammenfassen (Tabelle 6.3).

Tabelle 6.3 Typologie der Wahlteilnahmepflicht-Systeme

		Sanktionen	
		Sanktioniert	*Straffrei*
Form des Zwangs	*Formell*	Sanktionierte Wahlteilnahmepflicht (z. B. Australien)	Unsanktionierte Wahlteilnahmepflicht (z. B. Venezuela)
	Informell	Sanktionen/Vorteile in Abwesenheit von Wahlteilnahmepflicht (z. B. UdSSR)	Keine Wahlteilnahmepflicht, geringer Druck zu wählen (z. B. USA)

Quelle: Birch 2008, S. 4

Auf der einen Seite steht also die Frage, ob die Wahlteilnahmepflicht recht-
licher oder eher sozialer bzw. politischer Natur ist. Auf der anderen Seite unterscheiden sich sanktionierte und nicht-sanktionierte Wahlteilnahmepflicht-Mo-
delle. Alle vier möglichen Kombinationen sind in der Empirie vorhanden. Sogar
die rechtsstaatlich bedenkliche Form einer informellen Wahlteilnahmepflicht, die
dennoch mit Sanktionen verbunden ist, existiert. Ein Beispiel stellt hier der Iran
dar, in dem es unmöglich ist, ohne Wahlnachweis einen Pass zu erhalten (Birch
2008, S. 5). Aber auch in gefestigten Demokratien gibt es diese Version der Wahlteilnahmepflicht: Beispielsweise wurden im US-Staat Illinois Nichtwähler auf der
Liste für etwaige Jury-Dienste weiter nach oben gesetzt (ebd.).

Eine weitere Differenzierung ist der Typologie Birchs hinzuzufügen. So unterscheiden sich Wahlteilnahmepflicht-Regime auch danach, ob der Bürger nur
zur *Teilnahme* oder auch zur (gültigen) *Stimmabgabe* verpflichtet ist. Letztere ist
zwar aufgrund der geheimen Wahl in gefestigten Demokratien nicht zu überprüfen, dennoch schreibt z. B. das australische Gesetz dies vor (Bennett 2005, S. 6 ff.).
Dies wäre, wie zuvor in diesem Kapitel beschrieben, in Europa allein schon wegen des Urteils des Europäischen Gerichtshofs für Menschenrechte nicht zulässig.
Länder, die ihre Bürger nur zur Wahl*teilnahme* zwingen, bieten sogar teilweise explizit ein Enthaltungs-Feld auf dem Wahlzettel an (z. B. Chile oder Brasilien, vgl.
ebd., S. 25). In anderen Ländern werden leere (Zypern, vgl. ebd.) oder durchgestri-
chene Wahlzettel (Mexiko, vgl. ebd.) separat gezählt, um sie von anderweitig falsch
ausgefüllten Wahlzetteln zu unterscheiden und Interpretationen zu ermöglichen.

Ausnahmen

Die Wahlteilnahmepflicht-Regime unterscheiden sich außerdem dadurch, welche
Art und Anzahl von Ausnahmen sie zulassen.

Einerseits gibt es *Ausschlüsse* vom Wahlrecht, zum Beispiel aufgrund des Alters (unter 18), geistiger Unmündigkeit, Staatsbürgerschaft, Haftstrafen, Militär-
dienst oder Wohnort (im Ausland) (vgl. Birch 2008, S. 10 ff.). Diese Ausschlüsse
existieren unabhängig von der Wahlteilnahmepflicht, sollten aber insbesondere
in Bezug auf die angesprochene *voting-age/voting-eligible-population*-Problematik
bei Analysen beachtet werden.

Andererseits gibt es Regelungen, die bestimmte Gruppen von Bürgern von der
Wahlteilnahmepflicht grundsätzlich *entbinden* oder sie nachträglich *entschuldigen*
(vgl. ebd.). Solche Ausnahmen gibt es beispielsweise aufgrund des Alters in Ecuador
und Schaffhausen (Schweiz) ab 65, in Bolivien, Brasilien, Zypern und Peru ab 70, in
Luxemburg ab 75 und in Brasilien für 16- bis 17-Jährige. Ausnahmen von der Wahlteilnahmepflicht gibt es in einigen Ländern auch im Falle von Gebrechlichkeit und
Krankheit, Staatsbürgerschaft (für Ausländer bei Nebenwahlen in Belgien), bei
übermäßiger Entfernung des Wohnortes zum nächsten Wahllokal (Zypern 50 Mei-

len, Chile 200 km, Argentinien 500 km) oder bei Auslandsaufenthalt/-wohnsitz bzw. Reisen (Australien, Belgien, Bolivien, Brasilien, Chile, Ecuador, Luxemburg, Singapur). Auch Analphabeten (Brasilien, Ecuador), einige staatlich Bedienstete mit wichtigen Aufgaben am Wahltag (Argentinien), unbeeinflussbare, unvorhergesehene Umstände und Unglücke (Ecuador, Schaffhausen, Brasilien), sonstige von Gerichten anerkannte Gründe (Australien, Belgien, Chile, Luxemburg) oder religiöse Überzeugungen (Australien) entbinden Wähler in manchen Ländern.

Sanktions-Regime

Die Wahlteilnahmepflicht-Regime nutzen dabei eine Reihe teils sehr unterschiedlicher Sanktionsformen (vgl. ebd., S. 7 ff.). Die schwächste Sanktionsform stellt die staatliche Forderung nach einer Erklärung für die Nicht-Wahl dar. Diese kann entweder aktiv vom Staat angefragt werden (Australien) oder auf Eigeninitiative hin eingereicht werden. Sie kann andere Sanktionen mildern oder verhindern (Belgien, Luxemburg, die meisten lateinamerikanischen Länder). Andere Formen sind die Ermahnung (in früheren Jahren für Jungwähler in Belgien), *name-and-shame*-Systeme (Italien bis 1993), Geldstrafen (von drei Franken in Schaffhausen bis theoretisch 1 000 Euro in Luxemburg) oder gar Gefängnisstrafen (Australien bei Nicht-Bezahlung der Geldstrafen). Außerdem gibt es in Bezug auf das Wahlrecht *use-it-or-lose-it*-Systeme (Belgien, Singapur, Argentinien, Bolivien, Brasilien, Singapur, Thailand). In anderen Systemen verlieren Nichtwähler den Anspruch auf öffentliche Beschäftigung bzw. Beförderung (Belgien, Argentinien, Bolivien, Brasilien) oder sogar Anspruch auf noch weitreichendere Rechte wie Banktransaktionen (inkl. Auszahlung des Gehalts, Bolivien), staatliche Bildung (Brasilien), Pässe oder Führerscheine (theoretisch in Griechenland).

Enforcement – good pratice

Doch der Erfolg der Wahlteilnahmepflicht hängt, wie zuvor diskutiert, nicht nur von Sanktionen, sondern auch von einem effektiven administrativen *enforcement*-Regime ab. Hier hilft ein Blick in das allgemein als Vorbild (Bennett 2005, S. 6) bezeichnete australische System:

Hier erhält jeder Nichtwähler innerhalb von drei Monaten nach der Wahl vom regionalen Wahlausschuss eine Aufforderung zu einer schriftlichen Erklärung der Gründe für seine Nicht-Wahl (ebd., S. 7). Ansonsten wird eine administrative Strafe von $ 20 (ca. 14 Euro) fällig. Bei einer falschen oder unzureichenden Erklärung kann die Strafe wegen Falschaussage auf $ 50 (ca. 35 Euro) angehoben werden. Verweigert ein Wähler die Zahlung, wird damit verfahren, wie mit jeder anderen Verweigerung einer staatlichen Strafzahlung: In letzter Instanz ist somit auch eine (kurze) Haftstrafe möglich. Letztere Art der Bestrafung wird aber nur in den seltensten Fällen nötig. So wurden z. B. nach der Wahl von 1993 gerade einmal

43 Nichtwähler zu ein- oder zwei*tägigen* Haftstrafen verurteilt, weil sie ihre Straf-
zahlungen nicht geleistet hatten (ebd.).

Andere Systeme, die als effektiv angesehen werden, verfahren sehr ähnlich. In
Belgien werden die Namen der Nichtwähler einer Strafverfolgungsbehörde über-
geben. Nichtwähler können aus eigener Initiative heraus Entschuldigungen vor-
tragen, die dann geprüft werden. Sind diese nicht ausreichend oder wird keine
Entschuldigung eingereicht, wird eine Geldstrafe fällig, die sich bei wiederholter
Nichtwahl bis auf 125 Euro erhöhen kann (Younger 2006, S. 19). Luxemburg und
Zypern haben sehr ähnliche Systeme (ebd., S. 20).

Probleme des enforcement und Abschaffung der Wahlteilnahmepflicht
In einigen Ländern wurde die Wahlteilnahmepflicht einige Jahrzehnte praktiziert,
später aber wieder abgeschafft. Dies gilt für den Großteil der Schweiz bis zum Jahr
1971 (ebd.). Der Kanton Schaffhausen entschied jedoch, die Norm weiter aufrecht-
zuerhalten (ebd.). In Österreich wurde die Wahlteilnahmepflicht 1982 auf Bun-
desebene abgeschafft, die Bundesländer Steiermark, Kärnten, Tirol und Vorarl-
berg behielten sie aber im Landesrecht (ebd., S. 18). Die Niederländer schafften
die Wahlteilnahmepflicht Anfang der 1970er-Jahre komplett ab. In Liechtenstein
existiert sie nur noch auf dem Papier (ebd., S. 20 f.).

Die häufigste Begründung für die Abschaffung der Wahlteilnahmepflicht war
dabei allerdings weder normativer noch machtpolitischer Natur[24]. In Österreich
habe das Innenministerium angegeben, die Wahlteilnahmepflicht sei *„almost im-
possible to enforce"* (ebd., S. 18). Ähnliches gilt für die Niederlande (vgl. Lijphart
1997, S. 11), Liechtenstein (Younger 2006, S. 20 f.), oder auch die Schweiz (Birch
2008, S. 7 ff.). Zudem sei beispielsweise in Österreich das Gesetz zunehmend unbeliebt geworden, da Wähler dort in ihrem Heimat-Wahlkreis wählen mussten, jedoch oftmals aus beruflichen Gründen in anderen Gegenden lebten (vgl. Younger
2006, S. 19).

Fazit: Modelle der Wahlteilnahmepflicht
Insgesamt zeigen die diskutierten Studien, dass Sanktionen und ein effektives
enforcement zusammen die Wahlbeteiligung noch stärker erhöhen, als beide Elemente getrennt voneinander (Panagopoulos 2008, S. 460). Eine Wahlteilnahmepflicht sollte also von spürbaren Sanktionen und einem effektiven *enforcement* begleitet werden (ebd., S. 466) sowie zugleich durch eine Registrierungspflicht und
ein offenes Einbürgerungs- und Wahlrecht eine möglichst breite Partizipation der
Bevölkerung sicherstellen. Eine Übersicht zu den unterschiedlichen Modellen bietet Tabelle 6.4.

---

24 Wobei Letzteres offiziell wohl auch nicht geäußert worden wäre.

Tabelle 6.4 Länder mit Wahlteilnahmepflicht: Sanktions- und Enforcement-Regime

Land	Sanktionen	Enforcement	Land	Sanktionen	Enforcement
Ägypten	Hoch	n/a	Kongo, Dem. Rep.	n/a	n/a
Argentinien	Hoch	Schwach	Libanon	n/a	n/a
Australien	Moderat	Strikt	Liechtenstein	Moderat	Schwach
Belgien	Hoch	Strikt	Luxemburg	Moderat	Strikt
Bolivien	Hoch	n/a	Mexiko	Niedrig	Niedrig
Brasilien	Moderat	Schwach	Nauru	Moderat	Strikt
Chile	Hoch	Schwach	Panama	n/a	n/a
Costa Rica	Niedrig	Niedrig	Paraguay	Moderat	n/a
Dominikanische Rep.	Niedrig	Niedrig	Peru	Hoch	Schwach
Ecuador	Moderat	Schwach	Schaffhausen (CH)	Moderat	Strikt
Fiji	Hoch	Strikt	Singapur	Hoch	Strikt
Gabun	n/a	n/a	Thailand	Niedrig	Niedrig
Griechenland	Niedrig	Niedrig	Türkei	Moderat	Strikt
Guatemala	Niedrig	Niedrig	Uruguay	Hoch	Strikt
Honduras	Niedrig	Niedrig	Zypern	Moderat	Strikt
Italien	Niedrig	Niedrig			

Anmerkungen:
Sanktionen:
Niedrig = keine formellen Sanktionen
Moderat = Geldstrafe
Hoch = Geldstrafe und zusätzliche weitere Sanktionsformen (z. B. Haft, Wahlrechtsverlust, Verlust von Bürgerrechten)
Enforcement: vgl. Quelle

Quelle: angelehnt an Panagopoulos 2008, S. 458, aktualisiert basierend auf IDEA 2012, Stand: März 2009

Die Fälle, in denen die Wahlteilnahmepflicht wieder abgeschafft wurde, deuten darauf hin, wie wichtig ein gut organisiertes *enforcement*-Regime auch für die Akzeptanz der Wahlteilnahmepflicht ist. Werden die Bürger zur Wahlteilnahme gezwungen, muss demnach nicht nur die Verwaltung effektiv funktionieren, sondern auch die Wahlteilnahme so unkompliziert wie möglich gemacht werden. Das österreichische Beispiel zeigt, dass es weniger die Wahlteilnahmepflicht selbst war, die zu ihrer Unbeliebtheit beitrug, sondern andere, die Wahlteilnahme erschwerende Regeln (z. B. Wählen nur im Heimatwahlkreis möglich). Dass eine effektive und relativ aufwandarme Umsetzung möglich ist, zeigen zum Beispiel Australien, Luxemburg, Belgien oder Zypern. Erstaunlich ist zudem, dass, wie in Australien, auch relativ geringe Strafen ausreichend sein können, solange das System so effizient und wählerfreundlich organisiert ist, dass die Bürger es als nötig erachten, sich an die Regeln zu halten. Dabei kommt es oftmals nicht auf eine besonders hohe Zahl an tatsächlichen Bestrafungen an. In Australien wird nur jeder fünfte Nichtwähler am Ende auch tatsächlich mit Geldstrafen belegt (Ballinger 2006, S. 11 f.), in Belgien nur jeder Vierte (ebd.). Dies deutet daraufhin, dass die Bürger sich weniger aus Angst vor hohen Strafen an das Gesetz halten, sondern schlichtweg deshalb, weil es das Gesetz ist und weil sie es für sinnvoll halten (ebd., S. 12).

An der Höhe der durchschnittlichen Wahlbeteiligungsraten in strikt umgesetzten Wahlteilnahmepflichtregimen ist bereits zu erkennen, dass es sich um eine nahezu vollständige Beteiligung der Wahlberechtigten am Wahlakt handelt, die somit kaum noch eine soziale Schieflage zulässt. Schäfer (2015) belegt dies mit eigenen Forschungsergebnissen (S. 207 ff.). Dies ist auch deshalb folgerichtig, weil sich die Wahlteilnahmepflicht positiv auf das *„development of habitual voting"*, das heißt auf die Festigung und Verbreitung der sozialen Wahlnorm, auswirkt (Younger 2006, S. 28). Wie zuvor gezeigt, weisen Länder auch nach Abschaffung der Wahlteilnahmepflicht zwar gesunkene, aber oftmals weiterhin vergleichsweise hohe Beteiligungsraten auf (vgl. IDEA 2012).

Die gesetzliche Wahl(teilnahme-)pflicht erweist sich somit als effektives und effizientes Mittel, um das Kernproblem der sinkenden Wahlbeteiligung, die soziale Schieflage, zu beseitigen.

6.3.4 Direkte Effekte höherer Wahlbeteiligung (politische Nachfrage)

Die theoretische Auseinandersetzung mit der Wahlbeteiligung hat gezeigt, dass von höheren Beteiligungsraten zwei Arten von Effekten zu erwarten sind (vgl. Kapitel 4): Direkte Effekte auf das Wahlergebnis und indirekte Effekte auf die policy outcomes mittels einer Umorientierung des politischen Angebots aufgrund der gestiegenen Wahlbeteiligung[25]. Im Folgenden sollen zunächst die direkten Effekte höherer Beteiligungsraten untersucht werden. Die Frage ist: Wie würden die ‚gezwungenen' Wähler ihr Stimmrecht einsetzen? Da dies in der Regel ein Kontrafaktual darstellt, sind Studien zu diesem Thema mit erheblicher Unsicherheit behaftet. Es haben sich dabei zwei methodische Haupt-Strömungen als dominant erwiesen:

Der erste Ansatz setzt auf amtliche Aggregatdaten und untersucht in Regressionsanalysen das Verhältnis zwischen dem Wahlergebnis von Parteien bzw. Kandidaten und der Wahlbeteiligung unter Kontrolle von diversen Drittvariablen (Ballinger 2006, S. 13). Ein Problem dieses Ansatzes ist, dass hier ökologische Fehlschlüsse möglich sind.

Der zweite Ansatz nutzt Umfragedaten, um zu simulieren, welche Effekte eine (Nicht-)Teilnahme von potentiellen Nichtwählern auf das Wahlergebnis hätte (ebd.). Dieser Ansatz ist hingegen besonders stark Problemen wie denen eines *sampling bias* oder eines sozial erwünschten Antwortverhaltens ausgesetzt. Hinzu kommt, dass, selbst wenn Problemgruppen wie sozial exkludierte und politisch apathische Wähler an Umfragen teilnehmen, sie die Items der Umfrage vorher kaum einmal durchdacht haben und es daher mehr als unsicher ist, ob ihre Antworten mit ihrem tatsächlichen Verhalten unter dem Zwang einer Wahlteilnahmepflicht übereinstimmen (vgl. Lijphart 1997, S. 4).

Daraus folgt, dass Ergebnisse dann als besonders valide angesehen werden können, wenn beide Forschungsansätze unabhängig voneinander zu ähnlichen Ergebnissen kommen oder eine ausreichende Mikro-Fundierung für die Ergebnisse von (amtlichen) Aggregatdaten-Analysen vorliegt.

6.3.4.1 Jenseits der Parteiwahl

Ungültig aus Protest oder Unwissen
Ein Argument gegen die gesetzliche Wahlteilnahmepflicht ist, dass die Wähler, die durch sie erst zur Urne gezwungen würden, aufgrund von Protest, Unwissen oder Unfähigkeit häufig ungültige Stimmen abgeben könnten (Bennett 2005, S. 1), wodurch nichts gewonnen wäre. Als Beispiel wird oft die hohe Zahl an ungültigen Stimmen in Australien genannt (ebd.).

---

25 Hierbei ist zu beachten, dass nur sehr wenige Studien explizit die Effekte der Wahlteilnahmepflicht untersuchen. Meistens steht der Effekt hoher Wahlbeteiligungsraten im Mittelpunkt des Interesses. Da diese jedoch nahezu automatisch durch eine effektiv um- und durchgesetzte Wahlteilnahmepflicht erzeugt werden, ist mit großer Wahrscheinlichkeit eine Übertragung der Ergebnisse auf Wahlteilnahmepflichtregime möglich.

Die wenigen Studien, die sich diesem Thema widmen, zeigen jedoch, dass diese Sorge (in Australien) unbegründet ist. Die Untersuchungen der australischen Wahlkommission haben durchweg ergeben, dass der Hauptgrund für die hohe Zahl ungültiger Stimmen das komplizierte Präferenz-Wahlsystem ist (ebd.). Ähnliche Ergebnisse zeigten sich auch in diversen weiteren Studien zu unterschiedlichen Zeitpunkten (vgl. ebd., S. 19). Andere Studien weisen jedoch für Länder wie Belgien (7,5 Prozent) und Luxemburg (6,5 Prozent) überdurchschnittlich hohe Werte für die ungültigen Stimmen aus (Mackerras und McAllister 1999, S. 232).

Jedoch wird hier nicht weiter untersucht, was die Gründe dafür sein könnten. Die sehr hohen Raten an ungültigen Stimmen im Wahlteilnahmepflichtland Brasilien werden zum Beispiel auf eine Reihe von institutionellen Faktoren zurückgeführt, die das Wählen für sozial Benachteiligte recht kompliziert machen. Die Wahlteilnahmepflicht spielt dabei aber keine Rolle (Power und Roberts 1995, S. 795). Des Weiteren könnten die höheren Werte in Wahlteilnahmepflichtländern wie Belgien oder Luxemburg auch zumindest teilweise von den Wählern stammen, die sowieso wählen gegangen wären. Zudem sind die Zahlen zwar nicht zu vernachlässigen, jedoch auch nicht so hoch, dass sie die Zuwächse in der Gesamt-Wahlbeteiligung gefährden würden.

Es lässt sich also festhalten, dass die Warnung einiger Kritiker der Wahlteilnahmepflicht, dass diese Norm nur zu einem Anstieg der ungültigen Stimmen führen würde, nicht bewiesen worden ist und wenn überhaupt vermutlich einen eher schwachen Effekt aufweist. Am wichtigsten ist hier: Da sich selbst die Forschung darüber nicht sicher ist, können auch die Parteien sich nicht sicher sein, dass die ‚gezwungenen‘ Wähler keine Rolle spielen. Es besteht für sie nämlich die Möglichkeit, dass *„non-voters may become supporters or, more worryingly, support opponents"* (Machin 2011, S. 102). Folglich besteht ein starker Anreiz sich auch an diese Wähler zu wenden und sie zu beachten, auch wenn sie *vielleicht* dennoch teilweise ungültig wählen (ebd.).

Random voting

Einige Forscher befürchten, dass ‚gezwungene‘ Wähler auch vollkommen willkürlich den Wahlzettel ausfüllen könnten ohne eine inhaltliche Entscheidung zu treffen. Eine Form hiervon wäre das sogenannte *„donkey voting"* (vgl. Engelen 2007, S. 28 f.), bei dem Wähler einfach die erstgenannte Partei ankreuzen. Je mehr Wähler willkürlich wählten, desto mehr steige die rein statistische Gefahr, dass nicht der von der Mehrheit gewünschte Kandidat die Wahl gewinne (Jakee und Sun 2006, S. 61). Allerdings basiert letztere Behauptung auf einem rein formalen rational choice-Beweis und nicht auf Empirie. Auch zur These des *„donkey votings"* gibt es keinerlei empirische Belege. Zudem ist ein solches Verhalten in freiwilligen Wahlsystemen möglicherweise ebenfalls verbreitet (ebd.).

Den einzigen Beleg für das *random voting* liefern Selb und Lachat (ebd.), indem sie – basierend auf Individualdaten – schätzen, wie diejenigen belgischen Wähler abgestimmt haben, die ohne Wahlteilnahmepflicht zu Hause geblieben wären. Sie zeigen, dass diese Wähler unsystematisch abgestimmt hätten und daher die Vermutung des *random votings* nahe liege. Sollte die Analyse zutreffen und würde es sich tatsächlich um einen erheblichen Anteil der Wähler handeln, wäre dies ein gewichtiges Argument gegen die Wahlteilnahmepflicht. Allerdings wurden die Schwächen von Individualdaten zuvor bereits diskutiert. Basierend auf einer einzigen Studie ist daher kein valides Urteil zu fällen. Zudem bleibt die Möglichkeit, dass sich die Politik aufgrund der Unsicherheit trotzdem auch an diesen Wählergruppen orientiert (s. oben). Insofern ist auch hier zwar nicht auszuschließen, dass ‚gezwungene‘ Wähler ihre Stimme unwirksam einsetzen, doch gibt es im Falle des *random votings* noch weniger Belege als im Falle der ungültigen Stimmen.

Keine Auswirkungen auf das Wahlergebnis

Eine weitere Reihe von Studien vermutet, dass die Wahlteilnahmepflicht keine Auswirkungen auf die Wahlergebnisse hätte, weil die ‚gezwungenen‘ Wähler dieselben Interessen hätten (Lutz und Marsh 2007, S. 544; vgl. Schäfer 2011b, S. 11) oder zumindest dieselben Wahlentscheidungen treffen würden als die bisherigen Wähler (vgl. Kapitel 4 und Schäfer 2012, S. 242). Nichtwähler seien folglich eher Bürger der Mitte (Kleinhenz 1995, S. 229 f.).

Andere Studien weisen der gestiegenen Wahlbeteiligung schlicht keinen Effekt nach oder können kein Muster im Stimmverhalten der Nichtwähler ermitteln (Birch 2008, S. 133). So würden manchmal linke, manchmal rechte und manchmal andere Parteien profitieren. Insgesamt seien die Effekte aber zu vernachlässigen (Lutz und Marsh 2007, S. 539). Auch die Berechnung einer (theoretischen) universellen Wahlbeteiligung kam zu demselben Ergebnis (Highton und Wolfinger 2001, S. 192).

Auch auf die Machtkonstellation nach der Wahl habe eine erhöhte Wahlbeteiligung keine Auswirkungen, da die Unterschiede zwischen bisherigen Wählern und Nichtwählern so gering seien, dass die Stimmen bei der Übersetzung in Parlamentssitze und Mehrheiten zum Beispiel nur bei einer einzigen Bundestagswahl seit 1949 eine Machtverschiebung ergeben hätte (vgl. Kohler 2011, S. 497).

Der Grund für diese Befunde wird darin gesehen, dass Nichtwähler eine zu heterogene Gruppe seien (Highton und Wolfinger 2001, S. 192; vgl. Schäfer 2011b, S. 11). Daher seien sie auch gut durch die Wähler repräsentiert. Folglich sei eine Wahlteilnahmepflicht unnötig (ebd.).

Allerdings basieren alle diese Studien ausschließlich auf Umfragedaten. Das Problem des *sampling bias* zugunsten der sozial privilegierten Oberschichten ist hier deshalb besonders dramatisch, weil die überwältigende Mehrheit der Studien (vgl. Kapitel 3) zeigt, dass Nichtwähler eben keine Bürger der Mitte, sondern in großen Teilen sozial benachteiligte und politisch apathische Bürger sind. Umfragen können diese Bevölkerungsschichten nur sehr schwer repräsentativ erfassen, was ihre Validität arg in Zweifel zieht. Folglich wirken Wähler und Nichtwähler in Umfragen ähnlich, weil die Nichtwähler der Umfragen den Wählern ähnlich sind und nicht etwa den Nichtwählern *in ihrer Gesamtheit* (vgl. Schäfer 2012, S. 244). Dies wird noch dadurch untermauert, dass Umfragedaten, die sich gezielt auf die Befragung sozial benachteiligter Schichten konzentrieren, zeigen, dass Nichtwähler auf acht von elf thematischen Dimensionen deutlich andere, meist linkere, Positionen einnehmen als Wähler (Lutz und Marsh 2007, S. 544).

Zwischenfazit: Ungültig, random, keine Auswirkungen
Insgesamt hat die Analyse der Studien zu den Thesen ‚ungültig‘, ‚random‘ und ‚kein Effekt‘ gezeigt, dass sie sich fast ausschließlich auf Individualdaten stützen, die aufgrund ihrer sozialen Verzerrung nicht die tatsächlichen Nichtwähler im Gesamten, sondern eher die kleinere Gruppe der sozial besser gestellten Nichtwähler erfassen. Einzig die Hinweise auf das geringere politische Interesse und Wissen der Nichtwähler deuten an, dass diese zumindest teilweise ungültig oder random abstimmen könnten. Allerdings liegen keine ausreichend validen Belege zur Untermauerung dieser These und zugleich eher geringe Effektstärken vor.

6.3.4.2 Parteiwahl

Wahl kleinerer, extremer oder Oppositionsparteien
Immer wieder wird behauptet, dass die Wahlteilnahmepflicht die vielen schlecht informierten Wähler in die Arme von kleinen Protest- oder extremen Parteien treiben würde (Selb und Lachat 2009, S. 591). Nur eine einzige Studie stützt diese These (ebd.), während andere ihr widersprechen (Bernhagen und Marsh 2007, S. 558).

Ein anderer Effekt ist hingegen in sehr vielen Quellen zu finden und auch auf der Mikro-Ebene nachvollziehbar: Die Wahlteilnahmepflicht scheint Oppositionsparteien eher zu nützen als Regierungsparteien (ebd., S. 548 und ebd., S. 558 und DeNardo 1980, S. 406 und Hansford und Gomez 2010, S. 286 f.).

Die Vielzahl und unterschiedliche Methodik der erwähnten Studien deutet auf die Validität des Ergebnisses hin. Der Effekt ist zwar schwankend und vom Wahl-Kontext abhängig, doch scheint er unter den bisher diskutierten der verlässlichste zu sein. Außerdem ist die Begründung überzeugend. Sie lässt sich wie folgt zusammenfassen: „*Peripheral voters not only have weak partisan ties, but they may also be less likely to support the electoral status quo*" (Hansford und Gomez 2010, S. 286 f.).

Mit anderen Worten: Die sozial benachteiligten und gesellschaftlich exkludierten Wähler wollen, wenn sie denn wählen, etwas am status quo ändern. Um dies zu tun, stimmen sie für die Opposition, da sie die Regierung für den status quo verantwortlich machen (DeNardo 1980, S. 406). Dies wirkt argumentativ überzeugend. Allerdings liegt keine umfassende Studie vor, die jeden einzelnen dieser Wirkungsschritte überprüft. Hier besteht ein dringendes Forschungsinteresse.

Wahl linker Parteien

Die wohl am häufigsten geäußerte Vermutung ist, dass die Einführung der Wahlteilnahmepflicht Mitte-links-Parteien erheblich stärken würde. Der Grund liegt intuitiv auf der Hand: *„Because low SES voters traditionally voted for left wing socialist and social democratic parties, low turnout should lead to a bias against left wing parties and left wing policies in consequence"* (Lutz und Marsh 2007, S. 540). Eine durch die Wahlteilnahmepflicht erhöhte Wahlbeteiligung hingegen müsste folglich linke Parteien stärken.

Diese Thesen werden von Studien gestützt, die zeigen, dass Nichtwähler die Gesellschaft als weniger durchlässig und gerecht empfinden und im stärkeren Maße für den Erhalt des Sozialstaates plädieren (Schäfer 2011a, S. 153), kurz gesagt, linkere Positionen einnehmen. Dies gilt auch, wie in einer bereits erwähnten Studie gezeigt, für acht von elf *issue*-Dimensionen (Lutz und Marsh 2007, S. 544). Fraglich ist jedoch, wie stabil diese Positionen sind, d. h. ob die bisherigen Nichtwähler sie auch in tatsächliche Stimmen für Mitte-links-Parteien übersetzen würden (vgl. ebd., S. 540). Auch dieser Frage gehen Arbeiten sowohl mittels Individual- als auch mittels Aggregatdaten nach (vgl. Schäfer 2012, S. 242 f.).

Belege basierend auf Individualdaten

Die Studien, die auf Individualdaten basieren, weisen recht unterschiedliche Ergebnisse auf. Beispielsweise zeigt eine Studie zu den britischen Unterhauswahlen von 1964, 1974 und 1983, dass die Konservativen bei einer höheren Wahlbeteiligung Stimmenanteile verloren hätten, *Labour* hingegen hätte nur leicht oder gar nicht hinzugewonnen (McAllister und Mughan 1986, S. 143). Andere Studien zeigen für Australien einen Nachteil für *Labour* gegenüber der Mitte-rechts-Koalition an, wenn die Wahlteilnahmepflicht abgeschafft wäre. Allerdings sei der Nachteil mit 3,2 Prozent nicht so groß wie allgemein angenommen (rund zehn Prozent) (Jackman 1999, S. 46). Auch andere Individual-Studien weisen auf Verluste für konservative und nur leichte Gewinne für linke Parteien hin (Bernhagen und Marsh 2007, S. 558; Mackerras und McAllister 1999, S. 217). Andere Individual-Studien bestätigen dies auch für die USA (Highton und Wolfinger 2001). Während aus Sicht dieses Forschungsstrangs Mitte-rechts Parteien somit unter einer hohen Wahlbeteiligung leiden, profitieren Mitte-links-Parteien scheinbar nur geringfügig.

Belege basierend auf amtlichen Aggregat-Daten

Die Aggregatdaten-Analysen zeichnen ein etwas anderes Bild: So zeigt DeNardo (1980) für die USA einen positiven Zusammenhang zwischen der Wahlbeteiligung und der Stimmenzahl der Demokraten. Pacek und Radcliff (1995, S. 137–143) ermitteln in einer die entwickelten Industrienationen umfassenden Studie einen deutlichen Zuwachs für linksorientierte Parteien bei steigender Wahlbeteiligung. *„The left share of the total vote increases by almost one-third of a percentage point for every percentage point increase in turnout"* (vgl. Lijphart 1997, S. 5). Dies gilt auch im Vergleich der deutschen Bundesländer (Radcliff 1994). Aber auch in Entwicklungsländern (Aguilar und Pacek 2000, S. 995) und post-kommunistischen Ländern (Bohrer et al. 2000, S. 1161) sind ähnliche Trends zu beobachten.

Belege basierend auf kleinräumigen Aggregatdaten

Die Ergebnisse der auf amtlichen Aggregatdaten basierenden Studien weisen ein eindeutiges Bild. Die Fehleranfälligkeit dieser Daten ist insbesondere wegen der Sozialstruktur der Nichtwähler im Vergleich zu den Individualdaten geringer. Doch selbst diese deuten zumindest tendenziell in eine ähnliche Richtung. Dennoch bleibt auf Aggregat-Ebene die Gefahr des ökologischen Fehlschlusses. Zwar deuten etliche Studien eine Mikro-Fundierung an, die die beschriebene Kausalkette von linkeren Interessen und Positionen zu linkeren Parteipräferenzen der Nichtwähler nachzuweisen versuchen. Auszuschließen ist ein ökologischer Fehlschluss trotzdem noch nicht.

Dieser Gefahr versucht Schäfer (2012) mit einem interessanten Ansatz zu begegnen. Er untersucht das Zusammenspiel von Wahlbeteiligung und dem Wahlergebnis linker Parteien anhand möglichst kleinräumiger Aggregatdaten: auf Stadtteilebene. Hier sind, wie in Kapitel 2 und 3 angemerkt, die Bevölkerungsstrukturen um ein Vielfaches homogener als auf den in fast allen anderen Studien verwendeten Aggregat-Ebenen (Wahlkreis, Bundesstaat, Bund). Das Ergebnis ist zunächst mehr als überraschend: „SPD und Die Linke erzielen ihre *besten Ergebnisse* (in Stadtteilen), wo die Wahlbeteiligung *niedrig* ausfällt, während die CDU und insbesondere die FDP in Vierteln mit hoher Beteiligung am besten abschneiden" (ebd., S. 241). Schäfer weist jedoch nach, dass dieses Ergebnis in dieser Weise zu oberflächlich dargestellt ist. Die Sozialdemokraten würden demnach in denselben Stadtteilen wie bisher auch überdurchschnittlich gut abschneiden. Jedoch sei gerade hier die Wahlbeteiligung überproportional gesunken (ebd., S. 257). In der Folge ist die SPD zwar weiterhin in Städten mit vielen solcher Stadtteile (und damit auch einer geringen Wahlbeteiligung) besonders stark. Auf das gesamte Land gerechnet schadet ihr aber die niedrige Wahlbeteiligung, weil die Wähler aus ihren bisherigen Hochburgen überdurchschnittlich häufig zu Hause blieben (ebd., S. 241). Gleiches gilt für die Linkspartei, während für Union, FDP und bedingt auch für die Grünen das Gegenteil gilt (ebd., S. 255). Grund seien die in den ‚linken‘ Stadtteilen besonders gestiegenen Arbeitslosigkeits- und Armutsindikatoren (ebd., S. 261). Als Fazit stellt Schäfer fest: „Je ärmer ein Stadtteil, desto niedriger fällt die Wahlbeteiligung aus und desto besser schneiden Parteien links der Mitte ab, während umgekehrt gilt, dass die CDU und vor allem die FDP ihre besten Ergebnisse dort erzielen, wo noch annähernd das Beteiligungsniveau der Vergangenheit erreicht wird" (ebd.).

Die Studie stellt somit einen kraftvollen Beleg für die These dar, dass linke Parteien von einer höheren Wahlbeteiligung und somit sehr wahrscheinlich auch von der Wahlteilnahmepflicht profitieren. Gleichzeitig wird die Gefahr des ökologischen Fehlschlusses in Verbindung mit den erwähnten anderen Individual- und Aggregat-Studien größtmöglich ausgeräumt.

Zwischenfazit

Die Ergebnisse der unterschiedlichen Studien wirken zunächst widersprüchlich. Bei genauer Betrachtung zeichnet sich aber ein klareres Bild ab: Die ablehnenden Studien weisen in der Regel daraufhin, dass mal Mitte-links-, mal Mitte-rechts-Parteien von einer höheren Wahlbeteiligung profitieren würden und sich somit der Gesamt-Effekt ausgleiche oder nur schwach zugunsten der linken Parteien ausfalle (ebd.). Dies weist auf einen wichtigen Faktor hin: die jeweilige Machtkonstellation zum Zeitpunkt der Wahl. Hier fügen sich die bisherigen Erkenntnisse zusammen: Hohe Beteiligungsraten könnten (im Durchschnitt!) Oppositionsparteien stärken und sie könnten (im Durchschnitt!) linke Parteien stärken. Dies deutet daraufhin, dass ‚gezwungene‘ Wähler zwar tendenziell ihre linken Positionen in Stimmen für linke Parteien transformieren. Sind diese jedoch an der Regierung, stehen sie in Augen dieser Wähler *unter bestimmten Umständen* für den status quo und verlieren dadurch die Stimmen dieser Wähler (siehe auch Hansford und Gomez 2010, S. 287). In der Folge ist auch eine erhöhte Volatilität im Stimmverhalten eine Folge einer hohen Wahlbeteiligung und somit wahrscheinlich auch eine Folge der Wahlteilnahmepflicht (ebd., S. 286).

6.3.4.3 Fazit: Direkte Effekte höherer Wahlbeteiligung

Im Ergebnis ist folglich festzustellen, dass eine höhere Wahlbeteiligung tendenziell zu überproportional vielen Stimmen für linke Parteien führen könnte. Zu beachten bei dieser Schlussfolgerung ist, dass diese These weiterhin sehr umstritten ist und weiterer Forschung mittels unterschiedlichster methodischer Ansätze bedarf.

Die Wahrscheinlichkeit ist jedoch relativ hoch, dass linke Parteien von der Wahlteilnahmepflicht profitieren, doch können je nach rechtlichem, politischen und Macht-Kontext auch Situationen entstehen, in denen ‚gezwungene' Wähler vermehrt ungültig oder willkürlich wählen. Deutlich wahrscheinlicher – und somit ein Problem für die linken Parteien – ist aber, dass ‚gezwungene' Wähler tendenziell gegen den politischen status quo wählen. Sind linke Parteien an der Macht, können sich beide Effekte aufheben oder sogar unter besonderen Bedingungen gegen die linken Parteien wenden. Denn stellt sich die konservative Opposition als bessere Interessenvertreterin der sozial Benachteiligten auf, wird sie attraktiv für diese Wähler, die den status quo ablehnen.

Gerade deshalb überrascht es, dass die Literatur zu diesem Mechanismus nur eine einzige Studie aufweist. Diese bestätigt zwar die beschriebene Vermutung: *„When the majority party is the Democrats and turnout rises, the defection effect counteracts and sometimes outweighs the impact of the changing social composition of the voting public"* (Citrin et al. 2003, S. 76). Dennoch wäre zur Beantwortung der Frage, welche politische Kräfte von der Wahlteilnahmepflicht profitieren, hier ein zentraler Ansatzpunkt für umfangreiche Forschungen.

6.3.5 Indirekte Effekte höherer Wahlbeteiligung (politisches Angebot)

Das vorherige Kapitel lieferte Indizien dafür, dass die Wahlteilnahmepflicht direkte Effekte auf die Politik hat – nämlich in Form eines erheblichen Einflusses auf das Wahlergebnis. In diesem Kapitel werden nun die wichtigsten vermuteten indirekten Effekte untersucht.

6.3.5.1 Wohlfahrtsstaat und Einkommensverteilung

Der sogenannte *exclusion bias,* also der Fremd- und Selbstausschluss der unteren sozialen Schichten von der Wahl, ist dafür verantwortlich, dass trotz steigender sozialer Ungleichheit der Staat keine größeren Umverteilungsmaßnahmen ergreift (vgl. Kapitel 4, Meltzer-Richard-Modell). Dies liegt darin begründet, dass die Politik sich vor allem nach den Wählern richten muss bzw. richtet und die Interessen der benachteiligten, nicht wählenden Schichten damit größtenteils unberücksichtigt bleiben. *„As a result, egalitarian policies become less likely, while larger sections of the lower classes might feel alienated from politics"* (Schäfer 2011b, S. 13). Erschwerend hinzu kommt, dass *„issues on which a consensus exists among richer individuals, such as redistribution, become increasingly unlikely even to be debated within the political process"* (Solt 2008, S. 57). Daher ist zu erwarten, dass mit Einführung der Wahlteilnahmepflicht, mittels deutlich höherer und homogenerer

Wahlbeteiligungs-Quoten, diese Themen wieder verstärkt auf die Agenda kommen und zu verstärkten wohlfahrtsstaatlichen Programmen und einer ausgewogeneren Einkommensverteilung führen (vgl. Lutz und Marsh 2007, S. 544).

Belegt werden kann, dass auch andere staatliche und politische Ressourcen analog zur Wahlbeteiligung verteilt werden. So weist Martin (2003) nach, dass US-Kongressmitglieder Ressourcen nicht nach den tatsächlichen Bedürfnissen ausrichten, sondern auf die Gegenden fokussieren, wo die Wahlbeteiligung hoch ist. Denn dort sei das ‚electoral beef‘ zu finden (vgl. Schäfer 2011b, S. 12). Ähnliche Aussagen kann man bezüglich Wahlkampfressourcen treffen (Ballinger 2006, S. 16; vgl. Kapitel 4).

Wohlfahrtsstaat

Nahezu alle vorliegenden Studien bestätigen dann auch die aufgestellten Vermutungen: Hill und Leighley (1992) weisen für die USA nach, dass je größer die soziale Schieflage der Wahlbeteiligung, desto geringer die Wohlfahrtsstaatlichkeit. Hicks und Swank (1992) und Hill et al. (1995) bestätigen diese Auffassung – auch über längere Zeiträume. Mahler (2008) überträgt die Überlegungen auf eine international vergleichende Ebene und kommt zu denselben Ergebnissen. Dabei setzen Staaten mit hoher Wahlbeteiligung vor allem auf Sozialtransfers (Mahler 2008, S. 161; Martin 2003, S. 110). Es ist jedoch anzumerken, dass durch diese Studien Ursache und Wirkung nicht abschließend geklärt werden können.

Einkommensverteilung

Fraglich ist nun, ob es sich bei der ausgebauten Wohlfahrtstaatlichkeit auch um eine effektive Politik handelt, die die Einkommensverteilung besser ausgleicht oder ob das Geld nur neuen Klientel-Gruppen zugewiesen wird. Die Studien-Ergebnisse weisen einhellig nach, dass Ersteres der Fall ist. So zeigen Müller und Stratmann (2003) für eine große Anzahl von Staaten, dass *„higher rates of electoral participation tend to equalize incomes"* (Schäfer 2011b, S. 13). Chong und Olivera (2008) weisen dies sogar direkt für die Wahlteilnahmepflicht nach und werden von weiteren Forschern bestätigt (vgl. Birch 2008, S. 133).

Eine Studie weist jedoch auf eine negative Begleiterscheinung dieses Effekts hin. So gilt, dass *„high participation rates are related to larger government sectors which in turn lead to slower economic growth".* Dieses Ergebnis gelte für alle untersuchten Länder (Müller und Stratmann 2003, S. 2151).

Zwischenfazit: Wohlfahrtsstaat und Einkommensverteilung

Insgesamt lässt sich festhalten, dass eine höhere Wahlbeteiligung staatliche und politische Ressourcen gleicher verteilt, zu mehr Wohlfahrtsstaatlichkeit führt und die Einkommensverteilung stärker nivelliert. Dies erscheint auch deshalb logisch, da zuvor gezeigt wurde, dass linke Parteien tendenziell am stärksten von der Wahlteilnahmepflicht profitieren. Außerdem ist zu beachten: Selbst wenn linke Parteien nicht von der Wahlteilnahmepflicht profitieren, wäre das ganze Parteienspektrum gezwungen, den ‚neuen‘ Wählern aus den unteren sozialen Schichten, programmatische Angebote zu machen (vgl. Kapitel 4), wodurch das politische Angebot insgesamt nach links rücken würde.

Zu beachten ist hier, dass erneut nur in wenigen Studien, die Thesen explizit für die Wahlteilnahmepflicht getestet wurden. Jedoch zeigen die wenigen vorhandenen Ergebnisse, insbesondere im Bereich Einkommensverteilung, dass die Wahlteilnahmepflicht zu den postulierten positiven Effekten führt. Außerdem darf nicht außer Acht gelassen werde, dass die meisten Studien, Untersuchungen auf nationaler oder internationaler Ebene darstellen. Weil aber zum Beispiel bei Nebenwahlen die Wahlbeteiligung noch viel geringer und ungleicher ist (vgl. Kapitel 1), muss hier ein wahrscheinlich noch größeres Änderungspotential der politischen Agenda erwartet werden. Dabei kommt es, wie zuvor gezeigt, nicht zwangsläufig darauf an *„which party wins an election but it will probably change the policy platforms of whoever wins"* (Machin 2011, S. 102). Die Wahlteilnahmepflicht ermöglicht den Bürgern also, im Sinne der neo-römischen Schule, *Freiheit als Nicht-Dominierung.*

6.3.5.2 Politisches Interesse, Engagement und Effekte bei Jungwählern

In den vorangegangenen Kapiteln (vgl. Kapitel 5) wurde zudem postuliert, dass die Wahlteilnahmepflicht das politische Interesse und Engagement der bisherigen Nichtwähler steigern und insbesondere auf Jungwähler positive Auswirkungen haben könnte.

Die Studien zum Verhältnis von Wahlteilnahmepflicht und politischem Interesse zeigen, dass die Wahlteilnahmepflicht diese Erwartungen nicht erfüllen kann. So hätten Bürger in Wahlteilnahmepflicht-Regimen kein nachweisbar höheres – aber auch kein niedrigeres – politisches Interesse als Bürger in freiwilligen Wahlsystemen (Birch 2008, S. 77). Daten für Australien untermauern diese Ergebnisse (Ballinger 2006, S. 13). Studien attestieren der Wahlteilnahmepflicht zudem, kaum einen positiven oder negativen Effekt auf die *political efficacy* der Bürger zu haben (Birch 2008, S. 77). Auch das politische Wissen erweist sich nicht als höher oder niedriger als in freiwilligen Wahlsystemen (Younger 2006, S. 6). Die Wahlteilnahmepflicht stelle somit keine ausreichende Motivation dar, mehr über Politik zu lernen (Loewen et al. 2008, S. 666).

Zu den gleichen Ergebnissen kommen nahezu alle Studien, die das Verhältnis zwischen Wahlbeteiligung und politischem Engagement untersuchen (Younger

2006, S. 28). Manche Studien sehen kleinere Effekte für die allgemeine politische Partizipation, aber immerhin etwas stärkere Effekte für Protest-Aktivitäten (Birch 2008, S. 77). Ein womöglich wichtiger Effekt könnte hingegen sein, dass die Wahlteilnahmepflicht sich positiv auf die *„development of habitual voting"*, das heißt auf die Festigung und Verbreitung der sozialen Wahlnorm, auswirkt (Younger 2006, S. 28). Wie zuvor gezeigt, weisen Länder auch nach Abschaffung der Wahlteilnahmepflicht zwar gesunkene, aber oftmals weiterhin vergleichsweise hohe Beteiligungsraten auf (vgl. Kapitel 6.3.2).

Eine Schwäche dieser Studien ist, dass sie meistens nicht genauer untersuchen, ob diese Ergebnisse auch für die ‚gezwungenen' Wähler isoliert gelten. Da sie trotz allem meistens eine Minderheit darstellen, könnten schwache bis mittelschwache Effekte auch schlichtweg durch die größere Masse der ‚freiwilligen' Wähler unkenntlich gemacht werden.

Abschließend muss festgestellt werden, dass die Wahlteilnahmepflicht die zuvor diskutierten Effekte in gleichem Maße bei Jungwählern hervorruft. Junge Wähler sind auch in Wahlteilnahmepflicht-Systemen wie zum Beispiel in Australien genauso viel oder so wenig politisch interessiert wie in freiwilligen Wahlsystemen (Ballinger 2006, S. 14). Ohne die Wahlteilnahmepflicht läge die Wahlbeteiligung in diesen Gruppen auf demselben Niveau wie in freiwilligen Systemen (Saha und Edwards 2004, S. 9).

Dies zeigt aber nur, dass die Wahlteilnahmepflicht zwar nicht das Interesse oder Engagement automatisch steigert, aber zumindest das Potential hat, die soziale Wahlnorm zu verankern. Diese wiederum sichert die Akzeptanz der Wahlteilnahmepflicht, die im Endeffekt sich positiv im Sinne einer gleicheren Einkommensverteilung auswirkt.

6.3.5.3 Fazit: Indirekte Effekte höherer Wahlbeteiligung

Die Wahlteilnahmepflicht hat nicht nur direkte, sondern auch wichtige indirekte Effekte auf die Politik. Sie beeinflusst die Politik zu einer gleicheren Verteilung der staatlichen und politischen Ressourcen, steigert die Wohlfahrtsstaatlichkeit und nivelliert die Einkommensverteilung stärker.

Positive Effekte auf das politische Interesse, politische Engagement und auf Jungwähler konnten nicht nachgewiesen werden – allerdings auch keine negativen. Positiv fällt auf, dass die verpflichtende Wahlteilnahme zu einer Stärkung der sozialen Wahlnorm und somit zur Stärkung des Pflicht-Systems selber führt, was wiederum die oben beschriebenen Effekte hervorruft. Eine Übersicht über die Ergebnisse des empirischen Teils dieses Kapitels liefert Tabelle 6.5.

Tabelle 6.5 Auswirkungen der Wahlteilnahmepflicht

Variable	Effekt?	Stärke?	Anmerkung
Wahlbeteiligung	Ja	+++	Belegt, aber abhängig von Sanktionen und Enforcement
Ungültige Stimmen	(Eher) Nein	n/a	Empirisch kaum belegte Behauptung
Random voting	(Eher) Nein	n/a	Empirisch kaum belegte Behauptung
Keine Stimm-Effekte	Unklar	n/a	Belegt, aber einseitige Methodik; Widerspruch zu weiteren Ergebnissen (Opposition/Linke)
Kleine/Extreme Parteien	(Eher) Nein	n/a	Empirisch kaum belegte Behauptung
Oppositions-Parteien	Ja	+	Belegt, abhängig von Regierungszusammensetzung
Linke Parteien	(Eher) Ja	+	Umstritten, abhängig von Regierungszusammensetzung
Wohlfahrtsstaat	Ja	++	Belegt
Gleichheit der Einkommensverteilung	Ja	++	Belegt
Politisches Interesse und Engagement	Nein	n/a	Widerlegt
Jungwähler	Nein	n/a	Widerlegt

Quelle: Eigene Darstellung

Schlussbemerkung 7

Unsere Studie zeigt für Europa, Deutschland, NRW, Duisburg, Essen und Düsseldorf, dass die Wahlbeteiligung auf allen politischen Ebenen im Sinkflug ist. Die Zahlen sind alarmierend. Besonders deutlich wird die insgesamt negative Entwicklung, wenn man die Wahlergebnisse der Parteien bei Europa-, Bundes-, Landtags- und Kommunalwahlen prozentual anhand der Zahl der Wahlberechtigten berechnet. Wären ‚die Nichtwähler' eine einzige Partei, würden sie in Deutschland, aber auch in fast allen anderen europäischen Ländern nationale, regionale und kommunale Wahlen deutlich gewinnen. Die Ergebnisse der ‚echten' Parteien schrumpfen hingegen in Deutschland und Europa fast immer auf Werte von deutlich unter 20 Prozent zusammen.

Zudem ist diese Entwicklung in Deutschland immer mit einer großen sozialen Schieflage in der Wahlbeteiligung verbunden. Die soziale Struktur der Nichtwähler gibt hierüber Aufschluss. Ein sehr großer Teil der Nichtwähler lebt in prekären Lebensverhältnissen, ist arbeitslos, wohnt in Gegenden, in denen Politik faktisch nicht mehr existiert und fühlt sich zudem auch noch vom politischen Prozess ausgeschlossen. Folglich ist der Grund für die Nichtwahl mit Fortschreiten dieses Prozesses also immer mehr ein ‚Nicht-Können' als ein ‚Nicht-Wollen' und somit keine freie Entscheidung. Mit anderen Worten: Den politisch abgehängten sozialen Schichten steht eine immense faktische Zugangsbeschränkung zur Wahlteilnahme entgegen. Durch Alters- und Kohorteneffekte, gepaart mit einem Desinteresse der Politik, Nichtwähler wieder stärker zu mobilisieren, verschärft sich zudem die Lage immer weiter.

Diese soziale Schieflage der niedrigen Wahlbeteiligung sorgt dafür, dass die Politik ihr inhaltliches Angebot und ihre Bemühungen stärker auf die (wählenden) oft privilegierten gesellschaftlichen Schichten ausrichtet und die sozial benachteiligten Schwächeren tendenziell vernachlässigt. Zu befürchten ist zudem, dass die sozial verzerrte Wahlbeteiligung auch das Wahlergebnis soweit verändert,

dass Parlamente und Regierungen nicht mehr den Willen – und somit die Herrschaft – des *ganzen* Volkes verkörpern.

Viele Maßnahmen zur Steigerung der Wahlbeteiligung wurden in den letzten Monaten deutschlandweit von Generalsekretären und Bundesgeschäftsfüh-
rern verschiedenster Parteien vorgeschlagen. Kaum eine von ihnen vermag allerdings das Problem der sozialen Schieflage der niedrigen Wahlbeteiligung in
seinem Kern zu lösen. Eine langfristig angelegte Kampagne zur politischen Bildung, die zielgerichtet auf die politisch passiven und sozial benachteiligten (potentiellen) Nichtwähler eingeht, würde sehr wahrscheinlich einen wichtigen Beitrag zum Verständnis der Bedeutung der eigenen Stimme und des Wahlakts
beitragen. Aber einzig die Einführung einer gesetzlichen Wahlteilnahmepflicht
würde, sofern durch ein effektives *Enforcement,* eine Registrierungspflicht und ein
Einbürgerungs- und bürgerfreundliches Wahlrecht begleitet, ein wirksames Ge-
genmittel darstellen und einen ‚großen Wurf‘ bewirken.

Präsident Obamas Forderung nach einer Wahlteilnahmepflicht oder aber auch
die aktuellen Debatten im britischen Unterhaus machen deutlich, dass man ihr
zutraut viele gesellschaftspolitische Probleme ‚auf einen Schlag‘ zu lösen.

Denn Studien aus vielen Ländern der Welt haben gezeigt, dass die Wahlteilnahmepflicht in der Lage ist, die soziale Schieflage der niedrigen Wahlbeteiligung
zu nivellieren. Sie geht mit einer Stärkung des Wohlfahrtsstaates und einer aus-
geglicheneren Einkommensverteilung einher. Zudem ist sie keineswegs undemokratisch, sondern vielmehr aus demokratischer Sicht als äußerst geringer Eingriff
in die Freiheit der Bürger zu Gunsten eines hohen politischen und gesellschaftlichen Nutzens zu begrüßen. Kurz gesagt: Sie macht Wählen rational und bewahrt
Grundprinzipien der repräsentativen Demokratie vor der Erosion.

Strittig ist im Moment noch, wer parteipolitisch von einer Einführung profitieren würde: Mitte-Links-Parteien eher als Mitte-Rechts-Parteien? Als gesicherter
gilt, dass die jeweiligen Oppositionsparteien eher als die Regierungsparteien von
ihrer Einführung profitieren. Diese Tendenz ist allerdings nur teilweise abhängig
von der ideologischen Ausrichtung der regierenden Parteien. Nur im Durchschnitt
könnten hohe Beteiligungsraten Oppositionsparteien stärken und sie *könnten* linke Parteien stärken.

Die nächsten Schritte

Seit nun mehr als 30 Jahren beschäftigt sich die Politikwissenschaft damit, Ursachen, Konsequenzen und Lösungsmöglichkeiten für die sinkende Wahlbeteiligung
herauszuarbeiten. Jedoch fehlt es bzgl. des Phänomens der sozialen Schieflage der
Wahlbeteiligung insbesondere für Europa an über Deutschland hinausgehenden
ländervergleichenden Studien.

Besonders der Vergleich einzelner Stadtteile böte sich hierbei an, da auf der lokalen Ebene die Bevölkerungsgruppen deutlich homogener und somit Effekte sozialer und ethnischer Segregation besser erkennbar sind. Nur so erhielten wir ein klares Lagebild bzgl. der sozialen Schieflage der Wahlbeteiligung in den jeweiligen Ländern und für Europa als Ganzes.

Und obwohl über die Jahre eine Anzahl an Faktoren identifiziert wurde, die die Wahlbeteiligung beeinflussen, wissen wir auch immer noch relativ wenig darüber, welche Faktoren in verschiedenen Altersgruppen und -kohorten zu welchem Zeitpunkt ausschlaggebend sind.

Folgende zentrale Fragen stellen sich somit weiterhin: Gibt es Wahlen, bei denen die soziale Schieflage eine besondere Rolle spielt, während bei anderen Wahlen auch andere Erklärungen eine größere Rolle spielen? Ist eine noch niedrigere Wahlbeteiligung gleichbedeutend mit einer noch ungleicheren Wahlbeteiligung oder sinkt das Niveau einfach insgesamt ab? Gibt es hier Unterschiede innerhalb und zwischen den Mitgliedsstaaten der Europäischen Union? Welche Faktoren beeinflussen die Wahlbeteiligung unterschiedlicher Altersgruppen zum selben Zeitpunkt ihres Lebens? Was genau bewirkt bei den Kohorteneffekten ein Sinken der Wahlbeteiligung?

Eines allerdings gilt nach bisherigen Kenntnissen als gesichert: Das politische Angebot würde sich aufgrund einer Wahlteilnahmepflicht wandeln und somit wieder das ganze Volk in den Fokus der Politiker, Wahlkämpfer und Regierungen rücken. Denn ab sofort wäre es für die Politik nicht mehr sinnvoll, vor allem die bisherigen ‚Wähler' in den Fokus ihrer Anstrengungen zu nehmen, sondern das ganze Volk. Die Demokratie würde dadurch gestärkt, in Deutschland und Europa, da nun die Herrschaft des Volkes an die Stelle der Herrschaft der Wählenden tritt.

Literatur

Abendschön, S. & Roßteutscher, S. (2011). Jugend und Politik: Verliert die Demokratie ihren Nachwuchs? In E. Bytzek & S. Roßteutscher (Hrsg.), *Der unbekannte Wähler? Mythen und Fakten über das Wahlverhalten der Deutschen* (S. 59–80). Frankfurt [u.a.]: Campus-Verl.

Aguilar, E.E. & Pacek, A.C. (2000). Macroeconomic Conditions, Voter Turnout, and the Working-class/Economically Disadvantaged Party Vote in Developing Countries. *Comparative Political Studies 33* (8), 995–1017. doi:10.1177/00104 14000033008001

Alber, J. & Kohler, U. (2007). Die Ungleichheit der Wahlbeteiligung in Europa und den USA und die politische Integrationskraft des Sozialstaats. *Leviathan 35* (4), 510–539. doi:10.1007/s11578-007-0030-6

Allerbeck, K., Allmendinger, J., Andreß, H.-J., Bürklin, W., Diekmann, A., Feger, H., Fetchenhauer, D., Huinink, J., Kiefer, M.L., Kreuter, F., Kühnel, S., Kurz, K., Lepsius, M.R., Liebig, S., Mayer, K.U., Meulemann, H., Müller, W., Opp, K.-D., Pappi, F.U., Scheuch, E.K., Schmitt-Beck, R., Solga, H., Trappe, H., Wagner, M., Westle, B. & Ziegler, R. (2014). *German General Social Survey (ALLBUS) – Cumulation 1980–2012.*

Allison, P.D. (2012). *When Can You Safely Ignore Multicollinearity?* Statistical Horizons. http://statisticalhorizons.com/multicollinearity.

Ballinger, C. (2006). *Democracy and voting* (Democracy series). London: Hansard Society.

Becker, R. (2002). Wahlbeteiligung im Lebensverlauf. *KZfSS Kölner Zeitschrift für Soziologie und Sozialpsychologie 54* (2), 246–263. doi:10.1007/s11577-002-0038-5

Belsley, D.A., Kuh, E. & Welsch, R.E. (1980). *Regression diagnostics. Identifying influential data and sources of collinearity* (Wiley series in probability and mathematical statistics : Applied probability and statistics). New York [u.a.]: Wiley.

Bennett, S. (2005). *Compulsory voting in Australian national elections.* Canberra: Parliament of Australia.

Bennett, S. E. & Resnick, D. (1990). The Implications of Nonvoting for Democracy in the United States. *American Journal of Political Science 34* (3), 771. doi:10.2307/2111398

Berg, W. & Dragunski, R. (1995). Der politische Fall. Öffentliches Recht. Verbot der Partei der Nichtwähler. *Juristische Schulung 26* (3), 238–242.

Bernhagen, P. & Marsh, M. (2007). The partisan effects of low turnout: Analyzing vote abstention as a missing data problem. *Electoral Studies 26* (3), 548–560. doi: 10.1016/j.electstud.2006.10.002

Bernhagen, P. & Rose, R. (2012). Simulieren oder fragen. Strategien zur Ermittlung der politischen Folgen niedriger Wahlbeteiligung am Beispiel der Europawahlen 2009. *Methoden – Daten – Analysen (mda) 6* (2), 133–156.

Bertelsmann Stiftung. (2013a). *Gespaltene Demokratie. Politische Partizipation und Demokratiezufriedenheit vor der Bundestagswahl 2013* (Bertelsmann Stiftung, Hrsg.). Bertelsmann Stiftung.

Bertelsmann Stiftung. (2013b). *Prekäre Wahlen. Milieus und soziale Selektivität der Wahlbeteiligung bei der Bundestagswahl 2013* (Bertelsmann Stiftung, Hrsg.).

Bertelsmann Stiftung. (2013c). *Ziemlich unpolitische Freunde. Wer in Deutschland warum nicht mehr wählt*. Gütersloh: Bertelsmann Stiftung.

Birch, S. (2008). *Full participation. A comparative study of compulsory voting*. Manchester: Manchester University Press.

Blais, A. & Dobrzynska, A. (1998). Turnout in Electoral Democracies. *European Journal of Political Research 33* (2), 239–261. doi:10.1111/1475-6765.00382

Blais, A., Gidengil, E. & Nevitte, N. (2004). Where does turnout decline come from? *European Journal of Political Research 43* (2), 221–236. doi:10.1111/j.1475-6765.2004.00152.x

Blais, A. (2006). What affects voter turnout? *Annual Review of Political Science 9* (1), 111–125. doi:10.1146/annurev.polisci.9.070204.105121

Blais, A., Massicotte, L. & Dobrzynska, A. (2003). Why is turnout higher in some countries than in others? http://www.elections.ca/res/rec/part/tuh/TurnoutHigher. pdf. Zugegriffen 13. 09. 2015.

Bohrer, R. E., Pacek, A. C. & Radcliff, B. (2000). Electoral Participation, Ideology, and Party Politics in Post-Communist Europe. *The Journal of Politics 62* (04). doi:10.1111/0022-3816.00051

Brady, H. E., Schlozman, K. L. & Verba, S. (1999). Prospecting for Participants. Rational Expectations and the Recruitment of Political Activists. *The American Political Science Review 93* (1), 153–168. doi:10.2307/2585767

Bundeswahlleiter (2013). *Endgültiges Ergebnis der Bundestagswahl 2013*. Der Bundeswahlleiter. http://www.bundeswahlleiter.de/de/bundestagswahlen/BTW_BUND_13/ergebnisse/bundesergebnisse/index.html.

Chong, A. & Olivera, M. (2008). Does compulsory voting help equalize incomes? *Economics & Politics 20* (3), 391–415. doi:10.1111/j.1468-0343.2008.00336.x

Citrin, J., Schickler, E. & Sides, J. (2003). What if Everyone Voted? Simulating the Impact of Increased Turnout in Senate Elections. *American Journal of Political Science 47* (1), 75–90. doi:10.1111/1540-5907.00006

Dalton, R. J. (2014). *Citizen politics. Public opinion and political parties in advanced industrial democracies* (6. ed.). Los Angeles, Calif.: Sage CQ Press.

DeNardo, J. (1980). Turnout and the Vote. The Joke's on the Democrats. *The American Political Science Review 74* (2), 406. doi:10.2307/1960636

Die Zeit (2013, 14. September). Die Qual der Wahl. *Die Zeit*, 37/2013. http://www.zeit.de/2013/37/bundestagswahl-kuenstler-qual-der-wahl.

Dreier, H. (1997). Das Demokratieprinzip des Grundgesetzes. *Jura* (5), 249–257.

Engelen, B. (2007). Why Compulsory Voting Can Enhance Democracy. *Acta Politica 42* (1), 23–39. doi:10.1057/palgrave.ap.5500167

Esser, H. (2001). *Integration und ethnische Schichtung* (Arbeitspapiere Nr. 40). Mannheim: Mannheimer Zentrum für Europäische Sozialforschung. http://edoc.vifapol.de/opus/volltexte/2014/5134/pdf/wp_40.pdf.

Europäisches Parlament. (2014). Ergebnisse der Europawahl 2014. Wahlbeteiligung, Europäisches Parlament. http://www.europarl.europa.eu/elections2014-results/de/turnout.html.

Faas, T. (2010). *Arbeitslosigkeit und Wählerverhalten. Direkte und indirekte Wirkungen auf Wahlbeteiligung und Parteipräferenzen in Ost- und Westdeutschland* (Studien zur Wahl- und Einstellungsforschung, Bd. 17, 1. Aufl). Baden-Baden: Nomos.

Fornos, C. A. (2004). Explaining Voter Turnout in Latin America, 1980 to 2000. *Comparative Political Studies 37* (8), 909–940. doi:10.1177/0010414004267981

Fox, J. (1984). *Linear statistical models and related methods. With applications to social research* (Wiley series in probability and mathematical statistics: Applied probability and statistics). New York [u. a.]: Wiley.

Franklin, M. N. (1999). Electoral Engineering and Cross-National Turnout Differences. What Role for Compulsory Voting? *British Journal of Political Science 29* (1), 205–216. doi:10.1017/S0007123499210095

Gant, M. M. & Lyons, W. (1993). Democratic Theory, Nonvoting, and Public Policy: The 1972–1988 Presidential Elections. *American Politics Research 21* (2), 185–204. doi:10.1177/1532673X9302100202

Gershtenson, J. (2003). Mobilization Strategies of the Democrats and Republicans, 1956–2000. *Political Research Quarterly 56* (3), 293–308. doi:10.1177/106591290305600305

Geys, B. (2006). Explaining voter turnout. A review of aggregate-level research. *Electoral Studies 25* (4), 637–663. doi:10.1016/j.electstud.2005.09.002

Goerres, A. (2010). Die soziale Norm der Wahlbeteiligung. *Politische Vierteljahresschrift 51* (2), 275–296. doi:10.1007/s11615-010-0018-8

Gray, M. & Caul, M. (2000). Declining Voter Turnout in Advanced Industrial Democracies, 1950 to 1997: The Effects of Declining Group Mobilization. *Comparative Political Studies 33* (9), 1091–1122. doi:10.1177/0010414000033009001

Hajnal, Z. & Trounstine, J. (2005). Where Turnout Matters: The Consequences of Uneven Turnout in City Politics. *The Journal of Politics 67* (2), 515–535.

Hansford, T. G. & Gomez, B. T. (2010). Estimating the Electoral Effects of Voter Turnout. *American Political Science Review 104* (02), 268–288. doi:10.1017/S0003055410000109

Hicks, A. M. & Swank, D. H. (1992). Politics, Institutions, and Welfare Spending in Industrialized Democracies, 1960–82. *The American Political Science Review 86* (3), 658. doi:10.2307/1964129

Highton, B. & Wolfinger, R. E. (2001). The Political Implications of Higher Turnout. *Journal of Political Science 31* (1), 179–192.

Hill, K. Q. & Leighley, J. E. (1992). The Policy Consequences of Class Bias in State Electorates. *American Journal of Political Science 36* (2), 351. doi:10.2307/2111481

Hill, K. Q., Leighley, J. E. & Hinton-Andersson, A. (1995). Lower-Class Mobilization and Policy Linkage in the U. S. States. *American Journal of Political Science 39* (1), 75. doi:10.2307/2111758

Hill, L. (2002). On the Reasonableness of Compelling Citizens to ,Vote'. The Australian Case. *Political Studies 50* (1), 80–101. doi:10.1111/1467-9248.00360

Hirczy, W. (1994). The impact of mandatory voting laws on turnout. A quasi-experimental approach. *Electoral Studies 13* (1), 64–76. doi:10.1016/0261-3794(94)90009-4

Hirczy, W. (1995). Explaining near-universal turnout. The case of Malta. *European Journal of Political Research 27* (2), 255–272. doi:10.1111/j.1475-6765.1995.tb00638.x

IDEA. (2012). *Turnout over time.* Institute for Democracy and Electoral Assistance. http://www.idea.int/vt/survey/voter_turnout1.cfm.

Jackman, R. W. (1987). Political Institutions and Voter Turnout in the Industrial Democracies. *The American Political Science Review 81* (2), 405. doi:10.2307/1961959

Jackman, R. W. & Miller, R. A. (1995). Voter Turnout in the Industrial Democracies during the 1980s. *Comparative Political Studies 27* (4), 467–492. doi:10.1177/001 0414095027004001

Jackman, S. (1999). Non-compulsory voting in Australia? What surveys can (and can't) tell us. *Electoral Studies 18* (1), 29–48. doi:10.1016/S0261-3794(98)00040-7

Jakee, K. & Sun, G.-Z. (2006). Is compulsory voting more democratic? *Public Choice 129* (1-2), 61–75. doi:10.1007/s11127-005-9008-6

Kaeding, M. & Gath, M. (2014). *Die Europawahl 2014 – Die verflixte achte Nebenwahl* (Regierungsforschung.de. Parteien- und Wahlforschung, Hrsg.). http://regierungsforschung.de/die-europawahl-2014-die-verflixte-achte-nebenwahl/.

Kaeding, M. & Switek, N. (2015). Europawahl 2014. Spitzenkandidaten, Protestparteien, Nichtwähler. In M. Kaeding & N. Switek (Hrsg.), *Die Europawahl 2014. Spitzenkandidaten, Protestparteien, Nichtwähler* (S. 17–30). Wiesbaden: Springer Fachmedien Wiesbaden.

Keaney, E. & Rogers, B. (2006). *A Citizen's Duty. Voter inequality in the case for compulsory turnout.* London: Institute for Public Policy Research (ippr).

Kleinhenz, T. (1995). *Die Nichtwähler. Ursachen der sinkenden Wahlbeteiligung.* Opladen: Westdeutscher Verlag.

Knop, C. (2009, 2. Juli). Die amerikanische Bananenrepublik. Kalifornien in der Krise. *Frankfurter Allgemeine Zeitung.* http://www.faz.net/aktuell/wirtschaft/wirtschaftspolitik/kalifornien-in-der-krise-die-amerikanische-bananenrepublik-1827446.html. Zugegriffen 13. 09. 2015.

Kohler, U. (2006). Die soziale Ungleichheit der Wahlabstinenz in Europa. In J. Alber (Hrsg.), *Europas Osterweiterung: Das Ende der Vertiefung?* (WZB-Jahrbuch, Bd. 2005, S. 159–182). Berlin: Ed. Sigma.

Kohler, U. (2011). Estimating the potential impact of nonvoters on outcomes of parliamentary elections in proportional systems with an application to German national elections from 1949 to 2009. *Electoral Studies 30* (3), 497–509. doi:10.1016/j.electstud.2011.01.008

Kohler, U. & Kreuter, F. (Hrsg.). (2012). *Datenanalyse mit Stata. Allgemeine Konzepte der Datenanalyse und ihre praktische Anwendung* (4., aktualisierte und überarb. Aufl.). München: Oldenbourg.

Kostadinova, T. (2003). Voter turnout dynamics in post-Communist Europe. *European Journal of Political Research 42* (6), 741–759.

Kühnel, S. (2001). Kommt es auf die Stimme an? Determinanten von Teilnahme und Nichtteilnahme an politischen Wahlen. In A. Koch, M. Wasmer & P. Schmidt (Hrsg.), *Politische Partizipation in der Bundesrepublik Deutschland* (S. 11–42). Wiesbaden: VS Verlag für Sozialwissenschaften.

Labrenz, C. (2011). Die Wahlpflicht – unbeliebt, aber nicht unzulässig. *Zeitschrift für Rechtspolitik* (07), 214.

Land Baden-Württemberg. (2015). Verfassung des Landes Baden-Württemberg. LV BW. http://www.landesrecht-bw.de/jportal/?quelle=jlink&query=Verf+BW&psml=bsbawueprod.psml&max=true&aiz=true.

Landeswahlleiterin NRW. (2012). Landtagswahl 2012, Die Landeswahlleiterin des Landes Nordrhein-Westfalen. http://www.wahlergebnisse.nrw.de/landtagswahlen/2012/aktuell/a01w1200.html.

Lardy, H. (2004). Is there a Right not to Vote? *Oxford Journal of Legal Studies 24* (2), 303–321. doi:10.1093/ojls/24.2.303

Lijphart, A. (1997). Unequal Participation: Democracy's Unresolved Dilemma. *The American Political Science Review 91* (1), 1–14. doi:10.2307/2952255

Lindert, P. (2004). *Growing public*. Cambridge: Cambridge University Press.

Loewen, P. J., Milner, H. & Hicks, B. M. (2008). Does Compulsory Voting Lead to More Informed and Engaged Citizens? An Experimental Test. *Canadian Journal of Political Science 41* (3), 655–672.

Lomasky, L. E. & Brennan, G. (2000). Is there a Duty to Vote? *Social Philosophy and Policy 17* (01), 62. doi:10.1017/S0265052500002533

Luchterhandt, O. (1988). *Grundpflichten als Verfassungsproblem in Deutschland. Geschichtliche Entwicklung und Grundpflichten unter dem Grundgesetz*. Berlin: Duncker & Humblot.

Lutz, G. (2007). Low turnout in direct democracy. *Electoral Studies 26* (3), 624–632. doi:10.1016/j.electstud.2006.10.008

Lutz, G. & Kissau, Kathrin, Rosset, Jan. (2014). *The political preferences of political elites, voters and non-voters in Europe*. ECPR General Conference.

Lutz, G. & Marsh, M. (2007). Introduction: Consequences of low turnout. *Electoral Studies 26* (3), 539–547. doi:10.1016/j.electstud.2006.10.001

Machin, D. (2011). Compulsory Turnout. A Compelling (and Contingent) Case. *Politics 31* (2), 100–106. doi:10.1111/j.1467-9256.2011.01408.x

Mackerras, M. & McAllister, I. (1999). Compulsory voting, party stability and electoral advantage in Australia. *Electoral Studies 18* (2), 217–233. doi:10.1016/S0261-3794(98)00047-X

Mahler, V. A. (2008). Electoral turnout and income redistribution by the state. A cross-national analysis of the developed democracies. *European Journal of Political Research 47* (2), 161–183. doi:10.1111/j.1475-6765.2007.00726.x

Martin, P. S. (2003). Voting's Rewards: Voter Turnout, Attentive Publics, and Congressional Allocation of Federal Money. *American Journal of Political Science 47* (1), 110–127.

Mayo, H. B. (1959). A note on the alleged duty to vote. *The Journal of Politics 21* (2), 319–323.

McAllister, I. & Mughan, A. (1986). Differential turnout and party advantage in British general elections, 1964–83. *Electoral Studies 5* (2), 143–152. doi:10.1016/0261-3794(86)90003-X

Merkel, W. & Petring, A. (2011). *Partizipation und Inklusion*. Bonn: Friedrich-Ebert-Stiftung.

Ministerium für Inneres und Kommunales des Landes Nordrhein-Westfalen. (2015). *Kommunalwahlen 2015. Vorläufige Ergebnisse – (Ober)Bürgermeister- bzw. Landratswahl – am 13. September 2015 in Nordrhein-Westfalen* (Information und Technik NRW, Hrsg.). Düsseldorf: Information und Technik Nordrhein-Westfalen; Geschäftsbereich Statistik.

Müller, D. C. & Stratmann, T. (2003). The economic effects of democratic participation. *Journal of Public Economics 87* (9-10), 2129–2155. doi:10.1016/S0047-2727 (02)00046-4

Münch, I. v. & Kunig, P. (2012). *Grundgesetz-Kommentar*. München: Beck.

O'Brien, R. M. (2007). A Caution Regarding Rules of Thumb for Variance Inflation Factors. *Quality & Quantity 41* (5), 673–690. doi:10.1007/s11135-006-9018-6

Ohr, D. (2010). Lineare Regression: Modellannahmen und Regressionsdiagnostik. In C. Wolf & H. Best (Hrsg.), *Handbuch der sozialwissenschaftlichen Datenanalyse* (S. 639–675). VS Verlag für Sozialwissenschaften.

Pacek, A. C. & Radcliff, B. (1995). Turnout and the Vote for Left-of-Centre Parties: A Cross-National Analysis. *British Journal of Political Science 25* (1), 137–143.

Panagopoulos, C. (2008). The Calculus of Voting in Compulsory Voting Systems. *Political Behavior 30* (4), 455–467. doi:10.1007/s11109-008-9058-9

Parties and Elections. (2015). *Parties and Elections in Europe – Countries* (Wolfram Nordsieck, Hrsg.). http://parties-and-elections.eu/countries.html.

Persson, M., Solevid, M. & Öhrvall, R. (2013). Voter Turnout and Political Equality: Testing the ‚Law of Dispersion' in a Swedish Natural Experiment. *Politics 33* (3), 172–184. doi:10.1111/1467-9256.12012

Pettersen, P. A. & Rose, L. E. (2007). The dog that didn't bark. Would increased electoral turnout make a difference? *Electoral Studies 26* (3), 574–588. doi:10.1016/j. electstud.2006.10.004

Plutzer, E. (2002). Becoming a Habitual Voter: Inertia, Resources, and Growth in Young Adulthood. *American Political Science Review 96* (1), 41–56.

Pontusson, J. & Rueda, D. (2010). The Politics of Inequality: Voter Mobilization and Left Parties in Advanced Industrial States. *Comparative Political Studies 43* (6), 675–705. doi:10.1177/0010414009358672

Power, T. J. & Roberts, J. T. (1995). Compulsory Voting, Invalid Ballots, and Abstention in Brazil. *Political Research Quarterly 48* (4), 795–826. doi:10.1177/10659129
9504800407

Radcliff, B. (1994). Turnout and the Democratic Vote. *American Politics Research 22* (3),
259–276. doi:10.1177/1532673X9402200301

Reif, K. & Schmitt, H. (1980). Nine Second-Order national elections – a conceptual
frameworf for the analysis of European election results. *European Journal of Political Research 8* (1), 3–44. doi:10.1111/j.1475-6765.1980.tb00737.x

Roßmann, R. (2015, 13. Juni). Ganz große Koalition gegen Stimmverweigerer. *Süd-
deutsche Zeitung.* http://www.sueddeutsche.de/politik/kampf-gegen-niedrige-
wahlbeteiligung-ganz-grosse-koalition-gegen-stimmverweigerer-1.2519370.
Zugegriffen 29. 06. 2015.

Rubenson, D., Blais, A., Fournier, P., Gidengil, E. & Nevitte, N. (2007). Does low turnout matter? Evidence from the 2000 Canadian federal election. *Electoral Studies 26* (3), 589–597. doi:10.1016/j.electstud.2006.10.005

Saha, L. & Edwards, K. (2004). Youth electoral study. http://www.aec.gov.au/about_
aec/publications/youth_study/youth_study_1/youth_electoral_study_01.pdf.
Zugegriffen 10. 08. 2014.

Saunders, B. (2009). Making Voting Pay. *Politics 29* (2), 130–136. doi:10.1111/j.1467-9256.
2009.01348.x

Schäfer, A. (2011a). Der Nichtwähler als Durchschnittsbürger: Ist die sinkende Wahlbeteiligung eine Gefahr für die Demokratie? In E. Bytzek & S. Roßteutscher
(Hrsg.), *Der unbekannte Wähler? Mythen und Fakten über das Wahlverhalten
der Deutschen.* Frankfurt [u. a.]: Campus-Verl.

Schäfer, A. (2011b). *Republican Liberty and Compulsory Voting* (MPIfG Discussion Pa-
per 11/17). Max-Planck-Institut für Gesellschaftsforschung.

Schäfer, A. (2012). Beeinflusst die sinkende Wahlbeteiligung das Wahlergebnis? Eine
Analyse kleinräumiger Wahldaten in deutschen Großstädten. *Politische Vierteljahresschrift 53* (2), 240–264.

Schäfer, A. (2015). *Der Verlust politischer Gleichheit. Warum die sinkende Wahlbeteiligung der Demokratie schadet* (Schriften aus dem Max-Planck-Institut [MPI] für
Gesellschaftsforschung, Köln, Band 81). Frankfurt: Campus Verlag.

Schäfer, A. & Roßteutscher, S. (2015). Räumliche Unterschiede der Wahlbeteiligung
bei der Bundestagswahl 2013: Die soziale Topografie der Nichtwahl. In K.-R.
Korte (Hrsg.), *Die Bundestagswahl 2013* (S. 99–118). Wiesbaden: Springer Fachmedien Wiesbaden.

Schmitt, H., Hobolt, S. B., Popa, S. A. & Teperoglou, E. (2015). *European Parliament
Election Study 2014, Voter Study, First Post-Election Survey.*

Schmitt-Beck, R., Mackenrodt, C. & Faas, T. (2008). Hintergründe kommunaler Wahlbeteiligung. Eine Fallstudie Kommunalwahl 2004 in Duisburg. *Zeitschrift für
Parlamentsfragen (ZParl)* (3), 561–580.

Schnell, R. (1994). *Graphisch gestützte Datenanalyse.* München [u. a.]: Oldenbourg.

Schreiber, W. (2002). *Handbuch des Wahlrechts zum Deutschen Bundestag. Kommentar
zum Bundeswahlgesetz.* Köln: Heymann.

Selb, P. & Lachat, R. (2009). The more, the better? Counterfactual evidence on the effect of compulsory voting on the consistency of party choice. *European Journal of Political Research 48* (5), 573–597. doi:10.1111/j.1475-6765.2009.01834.x

Singh, S. (2011). How Compelling is Compulsory Voting? A Multilevel Analysis of Turnout. *Political Behavior 33* (1), 95–111. doi:10.1007/s11109-010-9107-z

Solt, F. (2008). Economic Inequality and Democratic Political Engagement. *American Journal of Political Science 52* (1), 48–60. doi:10.1111/j.1540-5907.2007.00298.x

Solt, F. (2010). Does Economic Inequality Depress Electoral Participation? Testing the Schattschneider Hypothesis. *Political Behavior 32* (2), 285–301. doi:10.1007/s11109-010-9106-0

Stadt Duisburg. (2015). Sozialraummonitoring, Stabsstelle für Wahlen, Europaangelegenheiten und Informationslogistik.

Stadt Düsseldorf (Landeshauptstadt Düsseldorf, Hrsg.). (2015). Amt für Statistik und Wahlen, Amt für Statistik und Wahlen.

Stadt Essen. (2015). Statistik und Stadtforschung, Amt für Statistik, Stadtforschung und Wahlen. http://www.use24.essen.de/Webportal/agency/default.aspx.

Steingart, G. (2009). *Die Machtfrage. Ansichten eines Nichtwählers.* München [u.a.]: Piper.

Studlar, D.T. & Welch, S. (1986). The policy opinions of British nonvoters; a research note. *European Journal of Political Research 14* (1-2), 139–148. doi:10.1111/j.14 75-6765.1986.tb00826.x

Tagesschau.de. (2015). *Bürgerschaftswahl Bremen – Umfragen Wahlbeteiligung. Wie hat sich die Wahlbeteiligung entwickelt? Warum entschieden sich die Nichtwähler gegen die Stimmabgabe?* Tagesschau.de. https://wahl.tagesschau.de/wahlen/2015-05-10-LT-DE-HB/umfrage-wahlbeteiligung.shtml.

Tenn, S. (2007). The Effect of Education on Voter Turnout. *Political Analysis 15* (4), 446–464. doi:10.1093/pan/mpm012

Tingsten, H. (1975). *Political behavior. Studies in election statistics* (European sociology, Repr. of the 1937 ed., London, issued as Nr. 7 of Stockholm economic studies). New York: Arno. (Originalarbeit erschienen 1937).

Träger, H. (2015). Die Europawahl 2014 als second-order-election. In M. Kaeding & N. Switek (Hrsg.), *Die Europawahl 2014. Spitzenkandidaten, Protestparteien, Nichtwähler* (S. 33–44). Wiesbaden: Springer Fachmedien Wiesbaden.

Urban, D. & Mayerl, J. (2008). *Regressionsanalyse. Theorie, Technik und Anwendung* (Studienskripten zur Soziologie, 3., überarb. und erw. Aufl.). Wiesbaden: VS, Verl. für Sozialwiss.

van der Eijk, Cees & van Egmond, M. (2007). Political effects of low turnout in national and European elections. *Electoral Studies 26* (3), 561–573. doi:10.1016/j.electstud.2006.10.003

Wahlrecht.de, Zicht, W. & Cantow, M. (Mitarbeiter). (2012). Ergebnisse der Landtagswahlen in Nordrhein-Westfalen. http://www.wahlrecht.de/ergebnisse/nordrhein-westfalen.htm.

Wahlstatistik der Stadt Duisburg. (2015). *Wahlbeteiligung.* Duisburg: Stabsstelle für Wahlen, Europaangelegenheiten und Informationslogistik.

Welzer, H. (2013, 27. Mai). Das Ende des kleineren Übels. Warum ich nicht mehr wähle. *Der Spiegel,* 22/2013. http://www.spiegel.de/spiegel/print/d-96238982.html.

Wielhouwer, P. W. (2000). Releasing the Fetters: Parties and the Mobilization of the African-American Electorate. *The Journal of Politics 62* (1), 206–222.

Younger, S. (UKEC, Hrsg.). (2006). Compulsory voting around the world, United Kingdom Electoral Commission. http://www.electoralcommission.org.uk/__ data/assets/electoral_commission_pdf_file/0020/16157/ECCompVotingfinal_ 22225-16484__E__N__S__W__.pdf. Zugegriffen 13. 09. 2015.

Anhang

Anh. Tabelle 1 Übersicht über die Beta-Koeffizienten des Regressionsmodells für die Bundestagswahl und Europawahl 2009

Wahlbeteiligung	Bundestagswahl 2009	Europawahl 2009
Arbeitslosigkeit	−0,797	−0,631
Bildung	0,302	0,468

Quelle: Eigene Berechnungen mit Daten der Stadt Duisburg (2015)

Anh. Tabelle 2   Lineares Regressionsmodell ohne den Stadtteil Bruckhausen

Wahlbeteiligung Bundestagswahl 2009	Modell 1	Modell 2	Modell 3
Arbeitslosigkeit	−0,176***	−0,154***	−0,161***
	(0,0128)	(0,00984)	(0,00736)
Anteil an Mehrfamilienhäusern	0,0492**		
	(0,0202)		
Einzelhandelskaufkraft	0,00122	0,000853	
	(0,000819)	(0,000852)	
Bildung	0,263***	0,329***	0,338***
	(0,0481)	(0,0419)	(0,0411)
Konstante	68,98***	69,97***	74,76***
	(4,676)	(4,929)	(1,190)
Beobachtungen	45	45	45
R^2	0,961	0,956	0,954

Standardfehler in Klammern
*** $p < 0{,}01$, ** $p < 0{,}05$, * $p < 0{,}1$
Quelle: Eigene Berechnungen mit Daten der Stadt Duisburg (2015)

The manufacturer's authorised representative in the EU is Springer
Nature Customer Service Centre GmbH, Europaplatz 3, 69115 Heidelberg,
Germany. If you have any concerns regarding our products, please
contact ProductSafety@springernature.com

Printed and bound by CPI Group (UK) Ltd, Croydon, CR0 4YY
27/04/2026
02097614-0007